H. D. THOREAU
EINE SOMMERREISE

DIE WILDNIS VON MAINE

Herausgegeben und übersetzt von
Alexander Pechmann

K
A
M
P
A

Die amerikanische Originalausgabe erschien erstmals 1864 unter dem Titel *The Allegash and East Branch* in dem Band *The Main Woods* im Verlag Ticknor and Fields, Boston.
Die deutsche Erstausgabe erschien 2012 im Jung und Jung Verlag, Salzburg und Wien.

Es handelt sich um einen historischen Text, der heutzutage umstrittene Begriffe enthält.

Für den Blick hinter die Verlagskulissen:
www.kampaverlag.ch/newsletter

KAMPA POCKET
DIE ERSTE KLIMANEUTRALE TASCHENBUCHREIHE
Gedruckt auf säurefreiem und chlorfrei gebleichtem Papier zur Unterstützung verantwortungsvoller Waldnutzung, zertifiziert durch das Forest Stewardship Council. Der Umschlag enthält kein Plastik. Kampa Pockets werden klimaneutral gedruckt, kampaverlag.ch/nachhaltig informiert über das unterstützte CO_2-Kompensationsprojekt.

Veröffentlicht im Juni 2023 als Kampa Pocket
Eine Koproduktion der Verlage Kampa und Jung und Jung

Covergestaltung: Lara Flues, Kampa Verlag
Covermotiv: © iStock/askinkamberoglu
Gesetzt aus der Garamond / 230130
Druck und Bindung: GGP Media GmbH, Pößneck
ISBN 978 3 311 15062 6

www.kampaverlag.ch

Nathaniel Hawthorne: Thoreau und sein Kanu

Donnerstag, 1. September 1842. Mr. Thoreau war gestern bei uns zu Gast. Er ist ein einzigartiger Mensch – ein junger Mann, der immer noch viel wilde ursprüngliche Natur in sich trägt, und soweit er kultiviert ist, ist er es auf seine ganz eigene Art und Weise. Er ist hässlich wie die Sünde, hat eine lange Nase, einen schiefen Mund und besitzt ungehobelte und ein wenig ländliche, aber dennoch höfliche Manieren, die sehr gut zu solch einem Erscheinungsbild passen. Doch ist seine Hässlichkeit von der ehrlichen und liebenswürdigen Sorte und steht ihm viel besser als Schönheit. Ich glaube, er hat in Cambridge studiert und früher in dieser Stadt unterrichtet, doch seit zwei oder drei Jahren hat er alle gewöhnlichen Mittel, seinen Lebensunterhalt zu verdienen, zurückgewiesen und scheint dazu geneigt, eine Art Indianerleben unter zivilisierten Menschen zu führen – unter Indianerleben verstehe ich das Vermeiden jeglicher systematischer Anstrengung, ein Auskommen zu finden. Seit einiger Zeit wohnt er bei Mr. Emersons Familie und vergilt die Gastfreundschaft mit Gartenarbeit und anderen Gefälligkeiten, die ihm gerade zusagen – er wird von Mr. Emerson allein aufgrund seiner wahren Menschlichkeit beherbergt. Mr. Thoreau ist ein leidenschaftlicher und feinfühliger Beobachter der Natur – einen so ernsthaften Beobachter trifft man, wie ich befürchte, ebenso selten wie einen originellen Poeten –, die Natur scheint ihn aus Dankbarkeit für seine Liebe als ihr bevorzugtes Kind adoptiert zu haben und zeigt ihm Geheimnisse, die nur wenigen anderen offenbart werden. Er ist vertraut mit Säugetier, Fisch, Vogel und Reptil und kann seltsame Geschichten von seinen Abenteuern und freundschaftlichen Begegnungen mit diesen untergeordneten Brüdern der Sterblichkeit erzählen. Gleichermaßen sind Pflanze und Blume, wo immer sie sprießen, ob im Garten oder in der Wildnis, seine engen Freunde. Auch pflegt er gute Beziehungen zu den Wolken und kann die Vorzeichen eines Sturms erkennen. Es ist typisch für ihn, dass er großen Respekt vor dem Vermächtnis der Indianerstämme hat, deren wildes Leben ihm so gut gefallen hätte, und merkwürdigerweise geht er selten über ein gepflügtes Feld, ohne eine Pfeil- oder Speerspitze oder ein anderes Relikt des roten Mannes aufzulesen. Als ob ihre Geister ihn als Erben ihres schlichten Reichtums auserkoren hätten.

Darüber hinaus hat er mehr als nur einen Anstrich literarischer Bildung – einen tiefen und echten Sinn für Poesie, besonders für die klassischen Dichter, auch wenn er wie alle anderen Transzendentalisten, soweit ich mit ihnen bekannt bin, anspruchsvoller ist als wünschenswert wäre. Er ist ein guter Autor – zumindest hat er einen guten Artikel geschrieben, eine weitschweifige Abhandlung über Naturgeschichte in der letzten Ausgabe des *Dial*, die, wie er sagt, hauptsächlich aus Aufzeichnungen seiner eigenen Beobachtungen zusammengestellt wurde. Ich glaube, dieser Artikel vermittelt ein sehr gutes Bild seines Denkens und Wesens. So wahr, genau und nüchtern in der Beobachtung, doch ebenso die Seele wie das Äußere dessen vermittelnd, was er sieht, wie ein See seine bewaldeten Ufer widerspiegelt, jedes einzelne Blatt zeigt, aber auch die wilde Schönheit der ganzen Szene abbildet. Außerdem gibt es in dem Artikel Passagen vager und verträumter Metaphysik, teils gekünstelt und teils dem natürlichen Atem seines Intellekts entsprungen – und auch Stellen, wo seine Gedanken das Maß und den Klang spontaner Verse anzunehmen scheinen, was nur folgerichtig wäre, da er echte Poesie in sich trägt. Durch den ganzen Text ziehen sich zudem gesunder Menschenverstand und moralische Wahrheit, was ebenfalls seinen Charakter widerspiegelt, denn seine Art zu denken und zu fühlen ist nicht töricht, auch wenn seine Handlungsweisen keineswegs perfekt sind. Alles in allem halte ich ihn für einen Mann, dessen Bekanntschaft gewinnbringend und bekömmlich ist.

Nach dem Essen (zu dem wir die erste Wassermelone und Muskatmelone ernteten, die in unserem Garten gereift sind), spazierten Mr. Thoreau und ich zum Flussufer hinauf, und an einer bestimmten Stelle rief er nach seinem Boot. Sogleich paddelte ein junger Mann damit über den Fluss, und Mr. Thoreau und ich reisten darin weiter stromaufwärts, wo der Fluss bald schöner wurde als auf jedem Gemälde, mit seiner dunklen und ruhigen Wasserfläche, halb im Schatten liegend, halb in Sonnenlicht getaucht, zwischen hohen und bewaldeten Uferböschungen. Die jüngsten Regenfälle haben den Fluss derart anschwellen lassen, dass viele Bäume sozusagen bis zu den Knien im Wasser standen, und Zweige, die vor Kurzem noch hoch in der Luft schwangen, tauchen und hängen nun tief in die vorbeistreichende Welle. Was die armen Lobelien angeht, die bis vor einigen Tagen am Ufer glühten, konnte ich nur ein paar ihrer scharlachroten Mützen aus dem Wasser hervorlugen sehen. Mr. Thoreau beherrschte das Boot so vollkommen, ob mit zwei Paddeln oder mit einem, dass es mit seinem eigenen Willen zu verschmelzen schien und dass es anscheinend keiner körperlichen Anstrengung bedurfte, um es zu steuern. Er erzählte, wie er, als einige Indianer vor ein paar Jahren Concord besuchten, feststellte, dass er ganz ohne Lehrer exakt ihre Methode angenommen hatte, ein Kanu anzutreiben und zu lenken. Da der arme Kerl jedoch Geld brauchte, wollte er das Boot verkaufen, das er so geschickt steuerte und mit seinen eigenen Händen gebaut hatte. Also kam ich mit ihm überein, seinen Preis zu zahlen (nur sieben Dollar), und wurde entsprechend zum Eigentümer der *Musketaquid.* Ich wünschte, ich könnte das aquatische Geschick seines ursprünglichen Besitzers zu einem ebenso vernünftigen Preis erhalten.

I
Montag, Dienstag, Mittwoch, Donnerstag 20. – 23. Juli 1857

Am Montag, dem 20. Juli 1857, brach ich mit einem Begleiter zu meiner dritten Reise in die Wälder von Maine auf und erreichte am nächsten Tag um die Mittagszeit Bangor. Ein Verwandter von mir, der die Penobscot-Indianer gut kennt, nahm mich am folgenden Morgen in seiner Kutsche mit nach Oldtown, um mir zu helfen, einen Indianer für diese Expedition anzuheuern. Wir setzten in einem Flussboot zur Indianerinsel über. Der Junge des Fährmanns hatte den Schlüssel für die angekettete Fähre, doch der Vater, ein Schmied, durchtrennte nach kurzem Zögern die Kette am Felsen mit einem Kaltmeißel. Er erzählte mir, die Indianer seien fast alle an die Küste und nach Massachusetts gezogen – zum Teil deswegen, weil die Pocken, vor denen sie große Angst haben, in Oldtown ausgebrochen seien. Der alte Häuptling Neptune sei jedoch noch dageblieben.

Der erste Mann, dem wir auf der Insel begegneten, war ein Indianer namens Joseph Polis, den mein Verwandter seit seiner Kindheit kannte und vertraulich mit „Joe“ ansprach. Er bearbeitete gerade ein Rehleder auf seinem Hof. Das Leder war über einen schrägen Baumstamm gebreitet, und er schabte es mit einem Stock ab, den er mit beiden Händen festhielt. Er war stämmig, vielleicht ein bisschen größer als der Durchschnitt, hatte ein breites Gesicht und, wie andere meinten, Gestalt und Züge eines perfekten Indianers. Sein Haus war zweistöckig mit Fensterläden, das schönste, das ich auf der Insel sah, und so gut wie ein gewöhnliches Häuschen an einer Dorfstraße in New England. Es war von einem Garten und Obstbäumen umgeben, zwischen den Bohnen ragten einzelne Maispflanzen dünn empor. Wir fragten ihn, ob er einen guten Indianer kenne, der uns in die Wälder begleiten wolle, genauer gesagt, über Moosehead Lake bis zu den Allegash Lakes und zurück über den East Branch, den östlichen Nebenfluss des Penobscot.

Daraufhin antwortete er aus jener seltsamen Ferne, die den Indianer stets vom Weißen trennt: „Ich will selbst gehen, ich will Elch jagen." Dabei fuhr er fort, das Leder zu schaben.

Der Fährmann erzählte uns, dass von den besten Indianern alle außer Polis, der dem Adel angehöre, fortgegangen seien. Er sei sicherlich der beste Mann, den wir bekommen könnten, aber wenn er wirklich mitkäme, würde er einen hohen Preis verlangen. Polis forderte zunächst zwei Dollar pro Tag, war aber schließlich mit eineinhalb täglich und fünfzig Cent pro Woche für das Kanu zufrieden. Er werde am selben Abend mitsamt seinem Kanu mit dem Sieben-Uhr-Zug in Bangor eintreffen – wir könnten uns auf ihn verlassen. Wir waren glücklich, uns die Dienste dieses Mannes gesichert zu haben, der als besonders zuverlässig und vertrauenswürdig galt.

Ich verbrachte den Nachmittag mit meinem Reisegefährten, der in Bangor geblieben war, um Proviant, Zwieback, Schweinefleisch, Kaffee, Zucker etc., sowie Kautschukkleidung für unsere Expedition zu besorgen.

Der Indianer traf abends mit dem Zug ein, und ich

ging ihm eine dreiviertel Meile bis zum Haus meines Freundes voran, während er mir mit dem Kanu auf seinem Kopf folgte. Ich kannte den genauen Weg nicht, sondern orientierte mich an den Landmarken, so wie ich es in Boston tue. Ich versuchte ein Gespräch zu beginnen, doch Polis keuchte unter dem Gewicht seines Kanus, zu dem er die übliche Tragevorrichtung nicht dabei hatte, und da er außerdem noch Indianer war, hätte ich währenddessen ebenso gut auf den Boden seines Birkenholzbootes klopfen können. Als Antwort auf meine verschiedenen Bemerkungen grunzte er nur ein- oder zweimal unbestimmt unter seinem Kanu hervor, damit ich wusste, dass er da war.

Früh am nächsten Morgen rief uns die Kutsche. Mein Gefährte und ich besaßen jeder einen großen Rucksack, der bis zum Rand vollgestopft war, und wir hatten zwei große Gummitaschen, die unseren Proviant und Geschirr enthielten. Das ganze Gepäck des Indianers, neben seiner Axt und seinem Gewehr, bestand aus einer Decke, die er lose in der Hand hielt. Er hatte sich jedoch einen Vorrat an Tabak und eine neue Pfeife für den Ausflug zugelegt. Das Kanu war quer über das Kutschendach festgebunden, mit Teppichstücken, die unter die Kanten gestopft worden waren, damit sie nicht scheuerten. Der Kutscher schien ebenso daran gewöhnt, Kanus auf diese Art zu transportieren wie Hutschachteln.

Am Bangor House stiegen vier Männer zu, die einen Jagdausflug unternahmen. Einer von ihnen war der Koch. Sie hatten einen Hund, einen mittelgroßen, gescheckten Köter, der neben der Kutsche herlief, während sein Herr ab und an den Kopf aus dem Fenster steckte und pfiff. Doch nachdem wir etwa drei Meilen zurückgelegt hatten, war der Hund plötzlich verschwunden, und zwei der Jäger gingen zurück, ihn zu suchen, während die vollbesetzte Kutsche warten musste. Schließlich kam ein Mann zurück, während der andere weitersuchte. Diese ganze Jagdgesellschaft erklärte sich bereit, auszusteigen, bis der Hund gefunden war, doch der überaus gefällige Kutscher war gern bereit, noch ein Weilchen zu warten. Offensichtlich wollte er nicht so viele Passagiere verlieren, die ein privates Transportmittel genutzt oder vielleicht die andere Postkutschenlinie am nächsten Tag genommen hätten. So kamen wir voran, auf einer Strecke von über sechzig Meilen, die wir an jenem Tag zurücklegen sollten, und es begann gerade heftig zu regnen. Während wir dort warteten, diskutierten wir bis zum Überdruss das Thema Hunde und ihre Instinkte, und der Anblick der Vororte von Bangor war mir immer noch deutlich in Erinnerung.

Nach einer geschlagenen halben Stunde kehrte der Mann zurück, den Hund an einer Leine führend. Er hatte ihn eingeholt, als er gerade Bangor House betreten wollte. Nun wurde er am Kutschendach festgebunden, doch da er nass war und fror, sprang er während der Fahrt mehrmals herunter, und ich sah ihn an der Leine baumeln. Dieser Hund galt als verlässlich darin, Bären zu stellen. Er hatte schon einmal einen von ihnen irgendwo in New Hampshire aufgehalten, und ich kann auch bezeugen, dass er in Maine eine Kutsche aufhielt. Diese vier Jäger bezahlten wahrscheinlich nichts für die Fahrt des Hundes und auch nicht für seine Flucht, während wir drei für das leichte Kanu, das immer noch auf dem Dach festgezurrt war, zwei Dollar hinlegten und letztlich sogar vier in Rechnung gestellt bekamen.

Die Kutsche war auf der ganzen Strecke überfüllt. Wenn Sie hineingeschaut hätten, dann hätten Sie vielleicht gedacht, wir seien gerüstet, bei einer Räuberbande Spießruten zu laufen, denn auf dem Vordersitz befanden sich vier oder fünf Gewehre und auf dem Rücksitz ein oder zwei, wobei jeder Mann sein liebstes in den Armen hielt. Es stellte sich heraus, dass die Jagdgesellschaft denselben Weg hatte wie wir, aber viel weiter reisen würde. Ihr Anführer war ein gutaussehender Mann von ungefähr dreißig Jahren, ziemlich groß, aber nicht besonders kräftig, mit den Manieren eines Gentleman und tadelloser Kleidung. Sein Teint war so blass, als hätte er immer im Schatten gelebt, und sein Gesicht wirkte vergeistigt, so dass er mitsamt seiner ruhigen Art als Theologiestudent hätte durchgehen können, der einiges von der Welt gesehen hat. Überrascht musste ich feststellen, dass er der wohl wichtigste weiße Jäger von Maine war, der überall entlang der Straße erkannt wurde. Später hörte ich, wie man ihm nachsagte, er könne extreme Kälte und Erschöpfung ertragen, ohne sich etwas anmerken zu lassen, und könne nicht nur mit Gewehren umgehen, sondern sie auch selbst herstellen, da er ein Büchsenmacher sei. Im Frühling hatte er auf dieser Strecke im Seitenarm des Piscataquis einen Kutscher und zwei Passagiere vor dem Ertrinken gerettet, indem er durchs eiskalte Wasser ans Ufer schwamm, ein Floß baute und sie damit an Land brachte, obwohl er selbst in Lebensgefahr schwebte und die Pferde ertranken.

Gleichzeitig flüchtete sich der einzige andere Mensch, der schwimmen konnte, in das nächstgelegene Haus, um nicht zu erfrieren. Er kannte unseren Mann und meinte, wir hätten da einen guten Indianer, einen guten Jäger, und er fügte hinzu, dass er angeblich sechstausend Dollar habe. Der Indianer kannte ihn ebenfalls und sagte zu mir: „Der große Jäger."

Der Indianer saß mit gleichmütigem Gesichtsausdruck auf dem Vordersitz, als ob er kaum wahrnahm, was um ihn herum geschah. Außerdem war ich von der eigenartigen Unbestimmtheit seiner Erwiderungen überrascht, wenn er in der Kutsche oder in den Gasthäusern angesprochen wurde. Tatsächlich sprach er zu solchen Anlässen kein Wort. Er wurde lediglich wie ein wildes Tier aufgeschreckt und murmelte teilnahmslos ein paar unbedeutende Silben. In solchen Fällen war seine Antwort so vage wie eine Rauchschwade, schien vollkommen *unverbindlich*, und wenn man darüber nachdachte, merkte man, dass er eigentlich nichts gesagt hatte. Dies stand im Gegensatz zum konventionellen Geschwätz und der Gewandtheit des weißen Mannes, brachte aber denselben Gewinn. Den Meisten gelingt es nicht, mehr aus einem Indianer herauszuholen, weswegen sie ihn als gleichmütig bezeichnen. Ich staunte über die dumme und unverschämte Art, in der ihn ein Mann aus Maine, ein Passagier, ansprach, als ob er ein Kind wäre, woraufhin er lediglich seine Augen ein wenig schimmern ließ. In einem Gasthaus fragte ihn ein beschwipster Kanadier mit schleppender Stimme, ob er rauche, worauf er mit einem unbestimmten „Ja" antwortete.

„Kannst du mir mal kurz deine Pfeife leihen?", fragte sein Gegenüber.

Er blickte mit einem einzigartigen Gesichtsausdruck, dem jedes gesellige Interesse fehlte, gerade am Kopf des Mannes vorbei und sagte: „Ich keine Pfeife haben." Allerdings hatte ich an jenem Morgen gesehen, wie er eine neue mit einem Vorrat an Tabak in seine Tasche steckte.

Unser kleines Kanu, das sauber und gut in Schuss war, wurde von all den Schlaumeiern unter den Wirtshausgästen entlang der Straße mit wohlwollenden Urteilen bedacht. Am Straßenrand, nahe den Kutschenrädern, bemerkte ich ein prächtiges großes Knabenkraut mit purpurnem Blütensaum, wegen dem ich gern die Kutsche angehalten hätte, um es zu pflücken, doch da es nicht dafür bekannt war, Bären zu stellen wie der Köter auf dem Dach, hätte der Kutscher das wahrscheinlich für Zeitverschwendung gehalten.

Als wir den See um ungefähr halb neun am Abend erreichten, regnete es immer noch gleichmäßig, und in dieser frischen, kühlen Luft piepsten Laubfrösche und die Kröten lärmten an den Ufern. Es war, als hätte sich die Jahreszeit zwei oder drei Monate zurückentwickelt, oder als wäre ich in der Heimstatt des ewigen Frühlings gelandet.

Wir hatten geplant, sofort auf den See hinauszufahren, zwei oder drei Meilen zu paddeln und dann auf einer seiner Inseln unser Lager aufzuschlagen, doch wegen des Regens beschlossen wir, in einem der Gasthäuser zu übernachten.

II
Freitag, 24. Juli

Obwohl es ziemlich bewölkt war, begleitete uns der Wirt am nächsten Morgen um ungefähr vier Uhr in der Dämmerung ans Ufer des Moosehead Lake, wo wir unser Kanu von einem Felsen zu Wasser ließen. Unser Kanu war recht klein für drei Personen, drei Meter lang, in der Mitte achtzig Zentimeter breit und innen dreißig Zentimeter tief. Ich schätze sein Gewicht auf beinah achtzig Pfund. Der Indianer hatte es erst kürzlich selbst gebaut, und sein kleines Format wurde teils dadurch wettgemacht, dass es neu und wegen seiner sehr dicken Rinde und den Rippen zuverlässig und solide war. Unser Gepäck wog rund hundertsechsundsechzig Pfund. Der Großteil des Gepäcks wurde wie üblich in der Mitte, an der breitesten Stelle untergebracht, während wir uns davor und dahinter in die frei gebliebenen Ritzen und Spalten zwängten, wo es keinen Platz gab, um die Beine auszustrecken, da die losen Gegenstände in Bug und Heck gestopft worden waren. Das Kanu war also ebenso vollgepackt wie ein Einkaufskorb. Der Indianer saß auf einem Querholz im Heck, wir aber hockten am Boden, mit einer Schiene oder Platte im Rücken, die uns vor dem Querholz schützte, und jeweils einer von uns paddelte zusammen mit Joseph Polis.

Während wir in der Stille des Morgens am Ostufer des Sees entlangfuhren, sahen wir bald ein paar Brandenten, die von den Indianern *Shecorways* genannt werden, und einige scheckige Flussuferläufer am felsigen Strand. Außerdem sahen und hörten wir Seetaucher. Das Geräusch des regelmäßigen Eintauchens der Ruder, als ob es sich um unsere eigenen Finnen oder Flossen handelte, und die Feststellung, dass wir endlich wirklich aufgebrochen waren, weckten unsere Lebensgeister.

Nachdem wir die kleinen felsigen Inseln passiert hatten, die sich vom unteren Ende des Sees bis über zwei bis drei Meilen erstrecken, berieten wir uns rasch über unseren Kurs und wandten uns dann dem Westufer zu, da dieses windgeschützt war. Ansonsten wäre es bei aufkommendem Sturm unmöglich gewesen, Mount Kineo zu erreichen, der ungefähr in der Mitte des Sees am östlichen Ufer liegt, allerdings an seiner schmalsten Stelle, wo wir die Seite würden wechseln können, wenn wir uns westlich hielten. Der Wind ist das hauptsächliche Hindernis beim Überqueren eines Sees, besonders in einem so kleinen Kanu. Der Indianer meinte immer wieder, es gefiele ihm nicht, Seen „in kleinum Kanu“ zu überqueren, aber dennoch, „wenn wir es so wollten, machte es ihm nichts aus“.

Moosehead Lake ist an seiner weitesten Stelle zwölf Meilen breit und erstreckt sich dreißig Meilen in gerader Linie, ist aber tatsächlich noch länger. Während wir in Ufernähe paddelten, hörten wir oft das *pe-pe* des Fliegenschnäppers mit der olivgrünen Flanke und auch den Waldbaumläufer und den Eisvogel. Als der Indianer uns daran erinnerte, dass er ohne Essen nicht arbeiten könne, landeten wir am Hauptufer südwestlich von Deer Island, um zu frühstücken. Wir holten unsere Taschen hervor, und der Indianer machte unter einem sehr großen ausgebleichten Stamm ein Feuer, wobei er weiße Kiefernrinde von einem Baumstumpf benutzte, obwohl er sagte, dass Hemlocktanne und Kanubirkenrinde als Anzündholz besser geeignet seien. Unser Tisch bestand aus einem großen Stück frisch abgeschälter Birkenrinde, das verkehrt herum hingelegt wurde, und zum Frühstück hatten wir Hartbrot, gegrilltes Schweinefleisch und starken, gut gezuckerten Kaffee, bei dem wir die Milch nicht vermissten.

Während wir frühstückten, schwamm eine Brut von zwölf Jungvögeln, schwarzen Enten, fünfzehn bis zwanzig Meter entfernt an uns vorbei, die überhaupt nicht scheu waren. Sie waren sehr niedlich, trieben sich um uns herum, solange wir dort verweilten, drängten sich bald eng zusammen, um sich dann wieder in einer langen Reihe fortzumachen.

Wenn man von dieser Stelle nordwärts blickte, schien es, als ob wir in eine große Bucht hineinkämen, und wir wussten nicht, ob wir gezwungen sein würden, von unserem Kurs abzukehren und einer von uns aus sichtbaren Landspitze auszuweichen, oder ob wir eine Passage zwischen ihr und dem Festland finden könnten. Es herrschte nebliges Hundstagswetter, und wir waren bereits in eine kleinere Bucht derselben Art eingedrungen und dennoch weitergekommen, obwohl wir eine Sandbank zwischen einer Insel und dem Ufer überwinden mussten, wo das Wasser gerade breit und tief genug war, damit das Kanu schwimmen konnte. Der Indianer hatte angemerkt, wie leicht es sei, „hier Brücke zu machum“, nun aber schien es, als wären wir wirklich in eine Sackgasse geraten. Bald lichtete sich jedoch der Nebel ein wenig und enthüllte eine Lücke im nördlichen Ufer. Der Indianer meinte sogleich: „Ich glaube, ihr und ich sollten dorthin."

Dies war sein üblicher Ausdruck für „wir". Er sprach uns nie mit unseren Namen an, obwohl er sich neugierig danach erkundigte, wie man sie buchstabiere und was sie bedeuteten. Wir nannten ihn Polis. Er hatte bereits sehr genau unser Alter erraten und sagte, er sei achtundvierzig.

Nach dem Frühstück leerte ich das übrig gebliebene Schweinefett ins Wasser, schuf das, was Matrosen eine „glatte See" nennen, und beobachtete, wie sie sich verbreitete und die aufgewühlte Oberfläche ebnete. Der Indianer sah es sich einen Augenblick lang an und sagte: „Das macht Paddlum schwer, hält Kanu fest. So sagen die Alten."

Wir packten rasch unsere Sachen ins Kanu, legten das Geschirr in Bug und Heck, sodass es griffbereit war, wenn wir es brauchten, und brachen wieder auf. Das Westufer, an dem wir entlangpaddelten, erhob sich allmählich bis auf eine beträchtliche Höhe und war überall dicht bewaldet, wobei ein großer Anteil an Laubbäumen die Fichten und Tannen auflockerte und belebte.

Der Indianer sagte, die Flechten, die wir von den Bäumen hängen sahen, würden *chorchorque* genannt. Wir fragten ihn nach den Namen verschiedener Vögel, die wir an diesem Morgen gehört hatten. Die weit verbreitete Drossel, deren Zwitschern er nachahmte, werde *Adelungquamooktum* genannt, meinte er, aber manchmal konnte er den Namen eines kleinen Vogels, den ich hörte und kannte, nicht nennen. Dann sagte er: „Ich kennen alle Vögel hier, kenne nicht kleinum Stimme, aber wenn ich sehen, kann ich erkennen."

Ich merkte an, dass ich bei ihm gern Schüler sein und seine Sprache lernen wolle, während ich eine Zeit lang auf der Indianerinsel leben würde. Wäre das denn möglich?

„Oh, yeah", erwiderte er, „viele tun das."

Ich fragte ihn, wie lange dies seiner Meinung nach dauern würde. Er meinte, eine Woche. Ich sagte ihm, dass ich ihm auf dieser Reise alles beibringen wolle, was ich weiß, und er solle mich sein ganzes Wissen lehren, woraufhin er bereitwillig zustimmte.

Mount Kineo, der meist sichtbar war und nur bisweilen von Inseln oder dem vor ihm liegenden Festland verdeckt wurde, hatte einen waagerechten Wolkenstreifen vor seinem Gipfel, und all die Bergspitzen rund um den See wurden auf derselben Höhe abgeschnitten. Enten verschiedener Art waren ziemlich häufig und liefen vor uns so schnell über das Wasser wie ein Pferd trabt.

Der Indianer fragte, wenn ich ihn richtig verstanden habe, nach der Bedeutung des Wortes *Realität*, das, wie er sagte, einer von uns verwendet hatte. Er fragte auch nach *interrent*, das heißt *intelligent*. Ich stellte fest, dass er den Buchstaben „r" selten aussprechen konnte, sondern „l" benutzte oder auch manchmal ein „l" gegen ein „r" tauschte – so wie *lasten* für rasten, *Folelle* für Forelle, *Soogle* Island für Sugar Island. Er fügte meist die Silbe *um* seinen Worten hinzu, wie *paddlum* etc.

An einer Stelle am Festland, wo wir anlegten, um uns die Beine zu vertreten und die Vegetation anzusehen, entdeckte ich einige Schritte weit landeinwärts ein Lagerfeuer, das in seiner Asche noch glühte, wo jemand gefrühstückt und ein Bett aus Zweigen für die kommende Nacht vorbereitet hatte. So wusste ich nicht nur, dass die Wanderer gerade aufgebrochen waren, sondern auch, dass sie zurückkommen wollten, und aufgrund der Breite des Bettes musste die Gesellschaft aus mindestens zwei Personen bestehen. Man hätte in einem Abstand von zwei Metern an diesen Zeichen vorbeigehen können, ohne sie zu sehen. Dort wuchsen die spitze Haselnuss und die Gartenraute, zwei Meter hoch, und die rote Korbweide, deren Rinde man, wie der Indianer meinte, gut rauchen könne: „Tabak, bevor weiße Leute in dieses Land kamen, Indianertabak."

Der Indianer näherte sich dem Ufer immer überaus vorsichtig, damit sein Kanu nicht an den Felsen beschädigt wurde, ließ es langsam seitwärts herumschwingen und beharrte noch strenger darauf, dass wir nicht hineinstiegen, solange es noch an Land war, sondern erst, wenn es frei schwamm, und dann mussten wir sachte auftreten, damit wir keine Fugen öffneten oder ein Loch in den Boden stießen.

Nachdem wir Deer Island passiert hatten, sahen wir weit im Osten, in der Mitte des Sees, einen kleinen Dampfer aus Greenville. Manchmal konnten wir ihn kaum von einer Insel mit ein paar Bäumen darauf unterscheiden. Hier waren wir dem Wind ausgesetzt, der über die gesamte Breite des Sees wehte, und gingen das vage Risiko ein, versenkt zu werden. Während ich meinen Blick auf die Stelle konzentrierte, wo ein großer Fisch gesprungen war, nahmen wir ein oder zwei Gallonen Wasser auf, aber wir erreichten bald das Ufer und trugen das Kanu bei Sandbar

Island über die nur ein bis zwei Meter breite Sandbank und nahmen so eine beträchtliche Abkürzung.

Wir durchquerten eine breite Bucht, wo das Wasser ziemlich aufgewühlt war. Ein sehr schwacher Wind kann auf diesen großen Seen Wellen erzeugen, die ein Kanu versenken. Vom Ufer aus betrachtet, erscheint die Oberfläche in einer Meile Entfernung fast glatt, oder wenn man ein paar weiße Wellenkämme sieht, scheinen sie beinahe auf derselben Ebene wie das übrige Wasser zu liegen. Wenn man aber so weit hinausrudert, kann man einen recht heftigen Seegang erleben, und bald, ehe man es sich versieht, kriecht eine Welle sachte die Bordwand des Kanus hinauf und ergießt sich in deinen Schoß wie ein Ungeheuer, das dich erst mit Schleim bedeckt, bevor es dich verschlingt, oder sie trifft das Kanu mit Gewalt und strömt hinein. Dasselbe kann geschehen, wenn der Wind plötzlich aufkommt, obwohl das Wasser wenige Minuten zuvor noch ruhig und glatt gewesen war, so dass dich nichts rettet, außer an Land zu schwimmen, denn man kann unmöglich wieder in ein Kanu steigen, das umgeworfen wurde. Da man flach am Boden sitzt, ist ein wenig Wasser sehr unangenehm, auch wenn keine unmittelbare Gefahr besteht, ganz zu schweigen davon, dass der Proviant nass wird. Wenn es windig war, durchquerten wir selten eine Bucht auf direktem Wege, sondern machten eine kleine Kurve, die in etwa der Biegung des Ufers entsprach, damit wir es rascher erreichen konnten, wenn der Wind stärker wurde.

Kam der Wind von achtern und war nicht zu stark, machte der Indianer aus seiner Decke ein Sprietsegel.

Damit könnte er leicht an einem einzigen Tag über die gesamte Länge des Sees gleiten.

Der Indianer paddelte an einer Seite und einer von uns auf der anderen, um das Kanu auf Kurs zu halten, und wenn er die Hände wechseln wollte, sagte er: „Andre Seite." Er versicherte uns auf unsere Fragen hin, dass er selbst nie ein Kanu umgeworfen habe, wiewohl er bereits von anderen zum Kentern gebracht worden sei.

Stellt euch unsere kleine Eierschale von einem Kanu vor, die über den See schaukelt – für den Adler, der darüber seine Kreise zieht, nur ein schwarzer Fleck!

Mein Gefährte angelte Forellen, während wir weiterpaddelten, doch da der Indianer ihn gewarnt hatte, dass ein großer Fisch – und es gebe hier einige sehr große Exemplare – uns umwerfen könnte, stimmte er zu, die Schnur rasch nach achtern weiterzugeben, im Fall, dass einer anbeißt.

Während wir diese Bucht überquerten, wo Mount Kineo weniger als zwei oder drei Meilen entfernt dunkel vor uns aufragte, wiederholte der Indianer die Legende, nach der dieser Berg ursprünglich eine Elchkuh gewesen sei – ein mächtiger indianischer Jäger hatte diese Königin der Elche, deren Kalb irgendwo zwischen den Inseln in Penobscot Bay erlegt worden war, unter großen Schwierigkeiten getötet, und für Polis hat der Berg immer noch die Form eines liegenden Elches. Er erzählte die Geschichte recht ausführlich und offenbar in aller Unschuld und fragte uns, wie unserer Meinung nach der Jäger einen so gewaltigen Elch wie diesen hatte erlegen können. Ein Indianer erzählt eine solche

Geschichte, als ob er glaube, sie verdiene es, darüber möglichst viele Worte zu verlieren, obwohl er eigentlich nicht viel zu sagen hat, und so übertüncht er den Mangel mit einer raunenden Stimme, mit Langatmigkeit und einem einfältigen Staunen, von dem er hofft, dass es ansteckend wirkt.

In ziemlich rauem Wetter näherten wir uns wieder dem Land und steuerten dann an der schmalsten Stelle im Osten direkt über den See, sodass wir, nachdem wir rund zwanzig Meilen zurückgelegt hatten, teilweise in den Windschatten des Bergs gerieten. Nun war es um die Mittagsstunde.

Wir kamen überein, hier für jenen Nachmittag und die Nacht Halt zu machen, und verbrachten eine halbe Stunde damit, am Ufer entlang in nördlicher Richtung nach einem passenden Rastplatz zu suchen. Schließlich, nachdem wir rund dreißig Meter an der Flanke des Berges in den dichten Tannen- und Fichtenwald eingedrungen waren, in dem es fast so dunkel schien wie in einem Keller, entdeckten wir eine ausreichend gelichtete und ebene Stelle, wo man sich niederlassen konnte, wenn man zuvor ein paar Büsche beseitigte. Der Indianer schlug mit seiner Axt einen Pfad vom Ufer dorthin, wonach wir all unser Gepäck hintrugen, unser Zelt aufbauten und unser Bett machten, um auf die Nacht und das schlechte Wetter vorbereitet zu sein, das uns drohte. Polis sammelte einen großen Armvoll Fichtenzweige, indem er sie abbrach, und behauptete, diese seien die besten für unsere Betten – zum Teil wohl deswegen, weil es die größten waren und am schnellsten gesammelt werden konnten, dachte ich. Es hatte während der letzten vier oder fünf Tage fast die ganze Zeit über geregnet, und der Wald war noch feuchter als sonst, doch Polis holte trockene Rinde unter dem schräg stehenden Stamm einer abgestorbenen Hemlocktanne hervor, was er, wie er verkündete, immer tun könne.

An diesem Mittag grübelte er über einer Rechtsfrage, und ich verwies ihn an meinen Gefährten, der Anwalt ist. Anscheinend hatte der Indianer kürzlich Land gekauft – ich glaube, es waren hundert Morgen –, doch offenbar war es mit einer Schuld belastet, denn jemand behauptete, für dieses Jahr Gras darauf gekauft zu haben. Polis wollte nun wissen, wem das Gras gehörte, und ihm wurde erläutert, dass der andere Mann, wenn er beweisen könne, das Gras erworben zu haben, bevor er, Polis, das Land gekauft habe, es sich ohne sein Wissen holen dürfe. Darauf antwortete er lediglich: „Seltsam!“ Er ging die Angelegenheit noch mehrmals durch, wollte sich kaum hinsetzen, sondern lehnte mit dem Rücken an einem Baum, als ob er von nun an über kein anderes Thema mehr sprechen wolle, doch da er keine Fortschritte erzielte und nach jeder Erklärung nur immer wieder an den Ausgangspunkt seines Staunens über die Institutionen des weißen Mannes gelangte, ließen wir die Geschichte ruhen.

Er sagte, er besitze neben dem Grund um sein Haus fünfzig Morgen mit Gras, Kartoffeln etc. irgendwo hinter Oldtown. Einen Großteil seiner Arbeit, wie etwa Heumachen, ließ er von Tagelöhnern erledigen, und er bevorzugte Weiße gegenüber Indianern, weil sie „zuverlässig sind und wissen, wie’s geht.“

Nach dem Essen kehrten wir im Kanu entlang des Ufers in südliche Richtung zurück, da es sich als schwierig erwies, über die Felsen und umgestürzten Bäume zu klettern, und wir begannen dann den Berg am Rand der Klippe hinaufzusteigen. Als gerade da ein heftiger Schauer niederprasselte, kroch der Indianer unter sein Kanu, während wir, geschützt durch unsere Gummimäntel, uns weiterhin der Erkundung der Pflanzenwelt widmeten. Wir schickten ihn also zurück ins Lager, wo er Unterschlupf finden konnte, und vereinbarten, dass er uns gegen Abend mit seinem Kanu abholen solle. Es hatte am Vormittag ein wenig geregnet, und wir vermuteten, dass es sich um den letzten Schauer vor dem Aufklaren handle, was sich als zutreffend erwies, doch unsere Füße und Beine waren durch die Büsche gründlich durchnässt. Als die Wolken etwas auflockerten, hatten wir beim Abstieg eine prachtvolle, wilde Aussicht auf den großen See, der sich mit seinen zahlreichen bewaldeten Inseln bis außer Sichtweite nach Norden und Süden erstreckte, und den grenzenlosen Wald, der sich so dicht gewachsen wie ein Roggenfeld nach allen Seiten der Ufer wellenförmig ausbreitete und dabei namenlose Berge umschloss. Es war ein vollkommener Waldsee.

Blickte man nach Süden, war der Himmel gänzlich bedeckt, die Berge waren mit Wolken bemützt, und der See wirkte insgesamt dunkel und stürmisch, doch von seiner Oberfläche in sechs bis acht Meilen Entfernung wurde durch die diesige Luft ein hellblauer Fleck des unsichtbaren Firmaments einer anderen Region reflektiert. An der Südspitze des Sees hatten sie also wahrscheinlich einen klaren Himmel.

Erneut verwechselten wir im Nieselregen eine kleine Felseninsel mit einigen kahlen Baumstämmen und

-stümpfen darauf mit dem Dampfer und seinen Schloten, doch da es nach einer halben Stunde keine Veränderung der Position gegeben hatte, durchschauten wir das Trugbild. So sehr ähneln die Werke der Menschen den Werken der Natur. Ein Elch könnte einen Dampfer für eine schwimmende Insel halten und keine Scheu haben, bis er sein Schnaufen oder seine Pfeife hört.

Wenn ich einen Berg oder eine andere Landschaft unter den günstigsten Bedingungen sehen wollte, dann würde ich sie bei schlechtem Wetter aufsuchen, um dort zu sein, wenn es aufklart. Dann ist man in der angemessenen Stimmung, und die Natur zeigt sich überaus frisch und anregend. Es gibt keine schönere Heiterkeit als jene, die sich eben erst in einem tränenfeuchten Auge abzeichnet.

Jackson schreibt in seinem *Report on the Geology of Maine*: „Hornstein, der als Ersatz für Feuerstein dienen kann, findet man in verschiedenen Teilen des Staates. Das größte bekannte Vorkommen dieser Gesteinsart auf der Welt ist am Moosehead Lake der Mount Kineo, der offenbar gänzlich daraus geformt ist und sich zweihundertzehn Meter über den See erhebt. Diese Sorte Hornstein habe ich in jeder Gegend New Englands in Form von indianischen Pfeilspitzen, Beilen, Meißeln etc. gesehen, welche wahrscheinlich von den Ureinwohnern des Landes aus diesem Berg gewonnen wurden."

Ich habe selbst hunderte Pfeilspitzen aus demselben Material gefunden. Es ist normalerweise schiefergrau mit weißen Flecken und wird gleichförmig weiß, wenn man es Licht und Luft aussetzt. Ich hob ein kleines dünnes Stück auf, dessen Kante so scharf war, dass ich es als Messer benutzen konnte, und sägte damit, um seine Verwendungsmöglichkeiten zu prüfen, eine einen Zoll dicke Espe um, indem ich sie bog und mehrmals hineinschnitt. Leider drang mir dabei die Rückseite tief in die Finger.

Vom Gipfel der Klippe, die die südliche und östliche Flanke dieser hundertfünfzig bis hundertachtzig Meter hohen Berghalbinsel bildet, hätten wir wohl geradewegs hinunter ins Wasser springen können oder zu den scheinbar winzigen Bäumen an der schmalen Landenge, die sie mit dem Festland verbindet. Es ist ein gefährlicher Ort, um zu prüfen, ob man gute Nerven hat.

Die Pflanzen, die auf diesem Berg unsere Aufmerksamkeit auf sich zogen, waren das Fingerkraut, das an seinem Fuß am Wasser immer noch reichlich wuchs und blühte, wunderschöne Glockenblumen, die über die Klippe hingen, die Bärentraube, die kanadische Blaubeere, die wilde Stechpalme, das große breitblättrige Knabenkraut, Hartriegel, dessen Zweige röter wurden, desto höher wir stiegen – am Fuß des Berges war der Strauch grün, am Gipfel rot –, und das kleine Farnkraut *Woodsia ilvensis*, das in Büscheln wuchs und gerade Samenkapseln trug. Nachdem wir die Wunder des Berges erkundet hatten und das Wetter nun aufgeklart war, gingen wir weiter talwärts. Wir trafen den keuchenden und schnaufenden Indianer, der ein Drittel des Wegs bergauf zurückgelegt hatte, aber dachte, er befinde sich in der Nähe des Gipfels. Als wir das Kanu erreichten, entdeckten wir, dass er eine ungefähr drei Pfund schwere Seeforelle gefangen hatte, während wir auf dem Berg waren.

Sobald wir das Lager erreichten, nahmen wir das Kanu aus dem Wasser, drehten es um und beschwerten es mit einem Baumstamm, damit es nicht fortgeweht wurde. Der Indianer schnitt ein paar große Stücke feuchten und verrotteten Holzes, das die Nacht über schwelen und das Feuer in Gang halten sollte. Die Forelle wurde zum Abendessen gebraten.

Unser Zelt bestand aus dünnem Baumwollstoff, war ziemlich klein und bildete auf dem Boden ein dreiseitiges Prisma, das am hinteren Teil zusammenlief. Es war hundertachzig Zentimeter lang, zweihundertzehn breit und hundertzwanzig hoch, sodass wir in der Mitte kaum aufrecht sitzen konnten. Es benötigte zwei gegabelte Pfosten, eine glatte Firststange und ein Dutzend oder mehr Heringe, um es aufzuschlagen. Es schützte vor Tau, Wind und gewöhnlichem Regen und diente unseren Zwecken recht gut. Wir legten uns bis zum Schlafengehen hinein, ein jeder mit seinem Gepäck als Polster, oder hockten um die Feuerstelle, nachdem wir über Nacht unsere nassen Kleider an einer Stange davor aufgehängt hatten.

Als wir dort kurz vor Einbruch der Nacht saßen und in den dunklen Wald hineinblickten, hörte der Indianer ein Geräusch, das seiner Meinung nach von einer Schlange stammte. Er ahmte es auf meinen Wunsch hin nach und machte einen leisen Pfeifton – *phiet – phiet* –, den er zwei- oder dreimal wiederholte, ein wenig wie das Piepen des Laubfrosches, aber nicht so laut. Er sagte, er habe sie nie gesehen, während sie das Geräusch erzeugten, aber als er zu der Stelle ging, fand er die Schlange. Sie sei ein Zeichen für Regen, meinte er. Als ich den Lagerplatz ausgewählt hatte, hatte er angemerkt, dass es dort Schlangen gebe. „Aber sie werden uns nicht schaden“, sagte ich.

„Oh, nein“, erwiderte er, „wie Sie wollen, mir ist es gleich.“

Er legte sich auf die rechte Seite des Zeltes, weil er, wie er sagte, an einem Ohr halb taub war und sich mit dem gesunden Ohr nach oben hinlegen wollte. Als wir dort lagen, fragte er, ob ich je einen „Indianergesang“ gehört hätte. Ich antwortete, dass ich selten Gelegenheit dazu gehabt hätte, und fragte ihn, ob er uns nicht mit einem Lied erfreuen wolle. Er stimmte bereitwillig zu, legte sich in seine Decke gewickelt auf den Rücken und begann ein langsames, etwas nasales, doch melodisches Kirchenlied in seiner Muttersprache, das seinem Stamm wahrscheinlich vor langer Zeit von einem katholischen Missionar beigebracht worden war. Danach übersetzte er es uns Satz für Satz. Es erwies sich als eine sehr einfache religiöse Übung oder Hymne, die besagte, dass es nur einen Gott gibt, der über die ganze Welt herrscht.

Sein Gesang trug mich zurück in die Zeit der Entdeckung Amerikas, als die Europäer zum ersten Mal mit dem schlichten Glauben der Indianer konfrontiert wurden. Das Lied war tatsächlich von schöner Einfachheit. Es brachte vor allem Gefühle der Demut und Verehrung zum Ausdruck.

Der Tannen- und Fichtenwald, in dem wir lagen, war dicht und feucht und bis auf unser Feuer vollkommen dunkel, und als ich in der Nacht erwachte, hörte ich entweder eine Eule, deren Schrei tiefer aus dem Wald hinter uns drang, oder einen Seetaucher aus einiger Entfernung über den See. Als ich irgendwann nach Mitternacht aufstand, um das verstreute Brennholz zusammenzuklauben, während meine Kameraden tief und fest schliefen, sah ich einen vollkommen ebenmäßigen elliptischen Ring aus Licht, der sich zum Teil im Feuer befand, das nicht mehr loderte. Sein kleinster Durchmesser war fünf Zoll, sein größter sechs oder sieben Zoll, und er war ungefähr ein Achtel- bis Viertelzoll breit. Er war ebenso hell wie das Feuer, aber nicht rötlich oder scharlachrot wie die Glut, sondern bestand aus weißem, schummrigem Licht wie das eines Glühwürmchens. Ich merkte gleich, dass es sich um phosphoreszierendes Holz handeln musste, ohne es je mit eigenen Augen zu sehen. Als ich etwas zögerlich meinen Finger darauf legte, fand ich heraus, dass es sich um ein Stück abgestorbenes Elchholz handelte, das der Indianer am Abend zuvor schräg abgeschnitten hatte.

Indem ich mein Messer benutzte, entdeckte ich, dass das Licht aus jenem Teil des Splintholzes kam, das direkt unter der Rinde lag und so am Ende einen symmetrischen Ring zeigte, und als ich die Rinde abschälte und in das Holz schnitt, glühte es den ganzen Stamm entlang. Ich wunderte mich, dass das Holz ziemlich hart und anscheinend tadellos war, obwohl die Fäulnis im Saft bereits eingesetzt hatte, und ich schnitt ein paar kleine dreieckige Stücke heraus, legte sie auf meine Hand, trug sie zum Lager, weckte meinen Gefährten und zeigte sie ihm. Sie erleuchteten meine Handfläche, zeigten die Linien und Falten und sahen genauso aus wie weißglühende Kohlestückchen aus einem Feuer.

Ich bemerkte, dass jenes Stück eines verfaulten Baumstumpfes, das ein bis eineinhalb Meter vom Feuer entfernt lag, einen Zoll breit und sechs Zoll lang war und aus weichem und zitterndem Holz bestand, ebenso hell leuchtete.

Ich versäumte es, festzustellen, ob unser Feuer etwas mit dieser Erscheinung zu tun hatte, doch der Regen am Vortag und die lang anhaltende feuchte Witterung trugen zweifellos dazu bei.

Dieses Phänomen interessierte mich sehr. Es hätte mich kaum noch mehr faszinieren können, wenn es die Form von Buchstaben oder eines menschlichen Gesichts angenommen hätte. Ich hatte mir kaum erträumen können, dass für mich solch ein Licht in der Finsternis der Wildnis scheint.

Am nächsten Tag nannte mir der Indianer den Begriff seines Volkes für das Licht – *artoosoqu'* –, und als ich ihn nach dem Irrlicht fragte, erzählte er, dass seine „Leute" manchmal Feuer sahen, die sich in unterschiedlichen Höhen, sogar so hoch wie die Baumwipfel, fortbewegten und ein Geräusch machten. Danach rechnete ich damit, von den erstaunlichsten und unvorstellbarsten Phänomenen zu hören, die von „seinen Leuten" beobachtet wurden, da sie sich zu jeder Stunde und Jahreszeit im Freien aufhalten, in Regionen, die so selten von Weißen besucht werden. Die Natur muss ihnen tausende Offenbarungen gewährt haben, die für uns immer noch Geheimnisse sind.

Ich bedauerte nicht, dies nie zuvor gesehen zu haben, da ich es nun unter so günstigen Umständen beobachtet hatte. Ich war genau in der richtigen Stimmung, etwas Wundervolles zu erblicken, und dies war ein Phänomen, das meinen Verhältnissen und Erwartungen entsprach und meine Aufmerksamkeit weckte, um dergleichen mehr zu sehen. Ich ließ die Wissenschaft außer Acht und erfreute mich an dem Licht, als ob es ein Mitgeschöpf wäre. Eine sogenannte wissenschaftliche *Erklärung* wäre hier völlig fehl am Platz gewesen. Diese gehört ins helle Licht des Tages. Die Wissenschaft mitsamt ihren Antworten hätte bei mir wie ein Schlafmittel gewirkt. Stattdessen erfreute ich mich an der Gelegenheit, unwissend zu sein. Mehr als alles andere bestärkte es mich in meinem Glauben. Ich glaubte, dass die Wälder nicht unbewohnt waren, sondern tagtäglich voll mit ehrlichen Geistern, so gut wie ich selbst – keine leere Kammer, in der die Chemie allein ihren Werken nachging, sondern ein bewohntes Haus. Es deutete außerdem darauf hin, dass dieselbe Erfahrung immer dieselbe Art Glauben oder Religion erzeugt. Eine Offenbarung wurde dem Indianer zuteil, eine andere dem Weißen. Vom Indianer kann ich noch viel lernen, vom Missionar nichts. Ich bin mir nicht sicher, aber das Einzige, was mich dazu bewegen könnte, den Indianer meine Religion zu lehren, wäre sein Versprechen, mich in *seinem* Glauben zu unterrichten. Lange genug hatte ich von belanglosen Dingen gehört. Nun freute ich mich endlich darüber, das Licht kennenzulernen, das in verfaultem Holz haust.

Ich behielt jene Holzstückchen und befeuchtete sie noch einmal in der folgenden Nacht, doch sie verströmten kein Licht mehr.

III
Samstag, 25. Juli

Beim Frühstück fragte mich der Indianer, der offensichtlich wissen wollte, was von ihm am nächsten Tag erwartet wurde, wie ich den Sonntag zu Hause verbrächte. Ich erzählte ihm, dass ich vormittags meist lesend in meinem Zimmer sitze und nachmittags spazieren ginge. Dabei schüttelte er den Kopf und sagte: „Hm, das ist übel."

„Wie verbringst du ihn?", fragte ich.

Er sagte, er arbeite nicht und gehe in die Kirche nach Oldtown, wenn er zu Hause sei. Kurzum, er tut das, was ihm die Weißen beigebracht haben.

Als wir das Geschirr im See abspülten, kamen viele Fische ganz nah heran, um nach Fettstückchen zu schnappen.

Das Wetter schien an jenem Morgen ruhiger zu sein, und wir brachen früh auf, um das andere Ende des Sees zu erreichen, bevor der Wind auffrischte. Kurz nachdem wir aufgebrochen waren, lenkte der Indianer unsere Aufmerksamkeit auf die Nordost-Portage, die wir in einer Entfernung von ungefähr dreizehn Meilen deutlich erkennen konnten. Diese Portage ist eine grobe, fünfzehn bis zwanzig Meter breite Waldstraße, die durch einen niedrigen Landstrich schnurgerade vom See zum Penobscot, rund zwei Meilen nach Norden und Süden, führt. Die Lichtung erschien als ein leuchtender oder heller Punkt am Horizont, der am Rand des Sees ruhte. Bevor uns der Indianer darauf aufmerksam machte, hätten wir nicht gedacht, dass man sie sehen kann.

Wir steuerten auf ein bemerkenswertes Licht zu – Tageslicht, das durch eine Lücke im Wald schien –, aber so weithin sichtbar wie ein gewöhnlicher Leuchtturm bei Nacht.

Wir durchquerten eine tiefe, weite Bucht nördlich des Kineo, ließen zur Linken eine Insel hinter uns und hielten uns am Ostufer des Sees. Dann kreuzten wir eine weitere breite Bucht, was uns reichlich Zeit für Gespräche gab, da wir keine gute Sicht mehr auf die Ufer hatten. Der Indianer sagte, er habe sein Geld mit Jagen verdient, meist weit oben am westlichen Nebenfluss des Penobscot und in Richtung des Kaps von St. John. Er habe dort gejagt, seit er ein kleiner Junge gewesen war, und wusste alles über die Gegend. Seine Beute waren Biber, Otter, Schwarze Katze (oder Fischfänger), Zobel, Elch etc. Kanadische Luchse gab es noch reichlich in von Waldbränden heimgesuchten Gebieten. In den Wäldern dienten ihm Rebhühner, Enten, getrocknetes Elchfleisch, Igel etc. als Nahrung. Auch Seetaucher seien schmackhaft, wenn man sie nur „gut kocht".

Er zeigte auf die Bucht und sagte, dies sei der Weg zu verschiedenen ihm bekannten Seen. Man konnte nur die düsteren, von Bären bevölkerten Berge und ihre großen bewaldeten Abhänge erkennen. Der Indianer erzählte, er sei schon oft dort gewesen. Ich fragte ihn, wie er sich im Wald orientiere.

„Oh", sagte er, „ich kenne viele Wege."

Als ich ihn drängte, mir das genauer zu erklären, antwortete er: „Manchmal ich sehum Abhang", und er blickte in Richtung eines großen Hügels oder Berges am Ostufer. „Großer Unterschied zwischen Nord und Süd. Schau, wo die Sonne am meisten geschienen hat. Sodass Bäume – große Zweige nach Süden zeigen. Manchmal sehum Felsen."

Ich fragte ihn, was er an den Felsen sieht, doch er beschrieb keine Einzelheiten, sondern antwortete vage mit einer geheimnisvollen oder schleppenden Stimme: „Kahle Felsen an Seeufer – großer Unterschied zwischen Nord, Süd, Ost, West – kann sagen, wo die Sonne geschienen hat."

„Was, wenn ich dich in einer dunklen Nacht hier hundert Meilen weit in den Wald führe, dich zwanzig Mal rasch im Kreis drehe und zurücklasse – könntest du den direkten Weg nach Oldtown finden?", fragte ich.

„Oh, yeah", sagte er, „habe schon fast dasselbe gemacht. Ich Ihnen erzählen. Vor einigen Jahren traf ich alten weißen Jäger in Millinocket, sehr guter Jäger. Er sagte, er kann in den Wäldern jeden Weg finden. Er wollte mit mir auf die Jagd an jenem Tag, so wir brechen auf. Wir jagen den ganzen Vormittag einen Elch, immer im Kreis, bis Mitte von Nachmittag, dann wir ihn töten. Da sagte ich zu ihm: ‚Jetzt du gehen direkt zu Lager.'

Er sagte: ‚Ich kann nicht. Ich weiß nicht, wo ich bin.'

‚Wo du glauben Lager?', fragte ich.

Er zeigte in eine Richtung. Da lachte ich ihn aus. Ich übernehme Führung und gehe genau in Gegenrichtung, kreuze mehrmals unsere Spuren, bis Lager."

„Wie hast du das gemacht?", fragte ich.

„Oh, ich kann es *Ihnen* nicht sagen", erwiderte er. „Großer Unterschied zwischen mir und weißen Mann."

Anscheinend nutzte er so viele verschiedene Informationsquellen, dass er keiner davon bewusst besondere Aufmerksamkeit schenkte und sie auch nicht sofort beschreiben konnte, wenn man ihn danach fragte, sondern er fand seinen Weg ganz ähnlich wie ein Tier. Vielleicht ist das, was man bei Tieren Instinkt nennt, in diesem Fall nur ein geschärfter und geübter Sinn. Wenn ein Indianer hinsichtlich der Richtung, die er einschlagen soll, „ich weiß nicht" sagt, meint er mit diesen Worten meistens nicht dasselbe wie ein Weißer, denn sein indianischer Instinkt kann ihm dennoch genauso viel mitteilen wie der Verstand des selbstsichersten Weißen. Er trägt die Fakten nicht im Kopf herum oder erinnert sich genau an den Weg wie ein Weißer, sondern verlässt sich auf den Augenblick. Da er nicht erfahren hat, wie notwendig die andere Art von Wissen ist, in der alles etikettiert und geordnet wird, hat er sie sich nicht angeeignet.

Der Jäger, mit dem ich in der Kutsche gesprochen hatte, kannte einige der Informationsquellen des Indianers. Er sagte, er richte sich nach dem Wind oder den Zweigen der Hemlocktannen, die an der südlichen Seite am stärksten seien. Wenn er wisse, dass sich ein See in der Nähe befinde, schieße er mit seinem Gewehr und schätze Richtung und Entfernung, indem er auf das zurückgeworfene Echo höre.

Im Lauf des Vormittags wurde der Wind stärker. Die letzte Bucht, die wir durchquerten, bevor wir den verlassenen Pier an der Nordost-Portage erreichten, maß zwei oder drei Meilen, und der Wind kam aus Südwesten. Nachdem wir ein Drittel der Strecke zurückgelegt hatten, waren die Wellen größer geworden, sodass sie gelegentlich in das Kanu schwappten, und wir sahen, dass es vor uns noch schlimmer wurde. Zuerst hätten wir umkehren können, aber das wollten wir nicht. Es wäre zwecklos gewesen, dem Verlauf des Ufers zu folgen, denn dort waren die Wellen wegen des stärkeren Windes noch höher. Mittlerweile wäre es auf jeden Fall gefährlich gewesen, den Kurs zu ändern, sonst hätten uns die Wellen von vorne überrollt. Man darf nicht im rechten Winkel auf sie treffen, denn dann schwappen sie von beiden Seiten ins Boot, man muss sich längs zu ihnen stellen. Also stand der Indianer im Kanu auf und wandte für ein oder zwei Meilen all seine Kunst und Kraft auf, während ich drauflos paddelte, um ihm mehr Spielraum zum Manövrieren zu geben. Über mehr als eine Meile erlaubte er keiner einzigen Welle auf das Kanu zu treffen, wie es sonst wohl geschehen wäre, sondern drehte es flink von einer Seite zur anderen, sodass es stets auf dem Wellenkamm oder nahe daran lag, wenn die Welle brach, wobei all ihre Kraft verebbte und wir lediglich mit ihr herabsanken. Schließlich sprang ich hinaus auf das Ende des Piers, gegen den die Wellen heftig schlugen, um das Kanu zu entlasten und es am nicht sonderlich geschützten Landeplatz abzufangen, doch in dem Moment, als ich sprang, nahmen wir zwei bis drei Gallonen Wasser auf. Ich sagte zum Indianer: „Das hast du gut gemacht.“ Worauf er antwortete: „Nur wenige tun das. Sehr viele Wellen. Wenn ich nach einer schaue, kommt schon die nächste.“

Während der Indianer loszog, um Zedernrinde etc. zu beschaffen, die er zum Tragen des Kanus benötigte, kochten wir am Ufer im Nieselregen das Essen.

Folgendermaßen bereitete er sein Kanu für den Transport vor: Er nahm eine achtzehn Zoll lange und vier oder fünf Zoll breite Schindel oder Schiene aus Zedernholz, die an einem Ende abgerundet war, damit die Ecken nicht im Weg sind, und band sie mit Zedernrinde, die durch zwei Löcher in der Mitte geführt wurde, an beiden Seiten nahe der Bordwand am mittleren Querbalken des Kanus fest. Wenn er das Kanu verkehrt herum über seinen Kopf hob, verteilte diese Schiene mit dem runden Ende nach oben das Gewicht auf seine Schultern und seinen Kopf, während ein Band aus Zedernrinde, das auf beiden Seiten der Schiene am Querbalken befestigt war, um seine Brust geschnürt wurde und ein zweites längeres, das neben dem ersten angebracht war, um seine Stirn. Beidseitig mit den Händen an der Reling lenkte er das Kanu und verhinderte, dass es wackelte. So trug er es mit seinen Schultern, seinem Kopf, seiner Brust, seiner Stirn und mit beiden Händen, als würde sein Oberkörper eine einzige Hand bilden, um es zu umklammern und festzuhalten. Das gesamte Material stammte in diesem Fall von der Zeder, genauso wie das Holz des Kanus. Eines der Paddel lag auf den Querbalken im Bug. Ich hob das Kanu über meinen Kopf und stellte fest, dass ich es leicht tragen konnte, doch überließ ich es dann doch dem Indianer, da ich keinen anderen Präzedenzfall schaffen wollte. Diese Schiene blieb während der ganzen Reise am Querbalken festgebunden, konnte stets zum Transport verwendet werden und diente auch dazu, den Rücken eines der Passagiere zu schützen.

Wir waren gezwungen, diese Portage zweimal zu

überqueren, da wir so viel Gepäck mitführten. Doch die Portagen waren eine angenehme Abwechslung, und als wir mit leeren Händen zurückgingen, nutzten wir die Gelegenheit, um seltene Pflanzen zu sammeln, die wir zuvor gesehen hatten.

Wir erreichten den Penobscot um ungefähr vier Uhr und trafen dort auf einige St.-Francis-Indianer, die am Ufer ihr Lager aufgeschlagen hatten. Sie bauten ein Kanu und dörrten Elchfleisch. Ihr Lager war mit Fichtenrinde bedeckt. Sie hatten ein Elchkalb, das sie vor vierzehn Tagen im Fluss gefangen hatten, in eine Art Käfig aus Baumstämmen eingesperrt, die wie bei einer Lehmhütte zwei bis zweieinhalb Meter hoch gestapelt waren. Es war recht zahm, ungefähr eineinhalb Meter groß und mit Elchbremsen bedeckt. Zwischen die Baumstämme waren, mit den dicken Enden nach außen, an allen Seiten Zweige von Kornelkirsche, Rotahorn, aber auch von Weiden und Espen gesteckt, an deren Blättern das Kalb weidete. Auf den ersten Blick sah es so aus, als stünde es in einer Laube und nicht in einem Pferch.

Unser Indianer sagte, *er* benutze *Schwarz*fichtenwurzeln aus dem Hochland oder von den Bergen, um Kanus zusammenzunähen. Die St.-Francis-Indianer hielten *Weiß*tannenwurzeln für besser geeignet. Doch unser Mann meinte: „Nicht gut, brechen, kann sie nicht spalten."

Ich sagte zu ihm, dass ich glaubte, ein Kanu bauen zu können, doch er bezweifelte dies sehr. Auf jeden Fall dachte er, dass meine Arbeit beim ersten Versuch nicht „sauber" sein würde.

Nachdem wir das Kanu wieder beladen hatten, paddelten wir den Penobscot hinunter. Wir sahen eine leuchtend gelbe Lilie am Ufer, die ich pflückte. Sie war fast zwei Meter hoch und hatte zwölf Blüten in zwei Windungen, die eine Pyramide bildeten. Später entdeckten wir viele ebenso große entlang dieses Flusses und am östlichen Nebenfluss. Der Indianer meinte, ihre Wurzeln seien gut für Suppe, das heißt, als Ersatz für Mehl, um sie zu verdicken und mit Fleisch zu kochen. Man sammelt sie im Herbst. Ich grub ein paar aus und fand ziemlich tief in der Erde zahlreiche Knollen, mit zwei Zoll Durchmesser, die wie rohe junge Maiskolben aussahen und auch ein wenig so schmeckten.

Als wir etwa drei Meilen auf dem Penobscot zurückgelegt hatten, sahen wir durch die Baumwipfel im Westen ein Gewitter aufkommen, und wir wählten rechtzeitig, um ungefähr fünf Uhr, einen Zeltplatz aus.

Das Lager wurde stets folgendermaßen aufgeschlagen: Für gewöhnlich sagten wir dem Indianer, dass wir an der ersten geeigneten Stelle Halt machen wollten, damit er danach Ausschau hielt. Wenn wir einen freien, festen und flachen Strand gefunden hatten, auf dem man landen konnte und wo es keinen Schlamm und keine Steine gab, die das Kanu hätten beschädigen können, pflegte einer von uns das Ufer hinaufzulaufen, um nachzusehen, ob es zwischen den Bäumen eine ausreichend große und ebene Lichtung gab, um zu zelten, oder ob man leicht eine Stelle roden konnte, wobei wir wegen der Insekten die kühlen Orte bevorzugten. Manchmal paddelten wir eine Meile oder weiter, bevor wir einen Platz fanden, der uns gefiel, denn dort, wo das Ufer geeignet war, war die Uferböschung oft zu steil oder zu niedrig und grasbewachsen und deshalb zu reich an Moskitos. Dann holten wir das Gepäck heraus und zogen das Kanu an Land. Der Indianer rodete einen Pfad zu der Stelle, die wir gewählt hatten und die normalerweise zehn bis fünfzehn Meter vom Wasser entfernt lag, wonach wir unser Gepäck hinauftrugen.

Einer sammelte vielleicht Birkenrinde, die immer vorhanden war, und trockenes Holz, und entfachte ein Feuer, eineinhalb bis zwei Meter von der Stelle entfernt, wo wir schlafen wollten. Auf welcher Seite man das Feuer anzündet, macht für gewöhnlich keinen Unterschied, denn in einem so dichten Wald gibt es in dieser Jahreszeit kaum oder gar keinen Wind. Dann schöpfte jemand einen Kessel voll Wasser aus dem Fluss und holte Schweinefleisch, Brot, Kaffee etc. aus den jeweiligen Behältern.

Währenddessen nahm ein anderer die Axt, fällte den nächsten abgestorbenen Felsahorn oder beschaffte anderes trockenes, hartes Holz, sammelte einige große Stämme, genug für eine Nacht, und dazu einen frischen Ast mit einer Kerbe oder Gabel, den man schräg über das Feuer stellt und an einem Felsen oder einem gegabelten Stecken abstützt, um den Kessel daran aufzuhängen, und zwei gegabelte Stecken und einen Pfosten für das Zelt.

Der Dritte stellte das Zelt auf, schnitzte ein Dutzend oder mehr Pflöcke, um es zu befestigen, und sammelte dann einen Arm voll Zweigen von Fichte, Lebensbaum, Rottanne, Hemlocktanne, was jeweils gerade zur Verfügung stand, und machte das Bett, wobei er auf beiden Seiten zunächst gleichmäßig die Zweige verkehrt herum hinlegte und, nachdem er zuerst eventuelle Lücken mit gröberem Material aufgefüllt hatte, die Stümpfe der letzten Reihe bedeckte.

Bis das Bett gemacht war, oder nach fünfzehn bis zwanzig Minuten, kochte für gewöhnlich das Wasser, das Schweinefleisch wurde gebraten und das Essen zubereitet. Wir aßen am Boden oder auf einem Baumstumpf sitzend, rund um ein großes Stück Birkenrinde, das uns als Tisch diente, während jeder einen Becher in der einen und ein Stück Schiffszwieback oder gebratenes Schweinefleisch in der anderen Hand hielt und häufig herumfuchtelte oder den Kopf in den Rauch hielt, um die Moskitos zu vertreiben.

Dann zündeten die Raucher ihre Pfeifen an. Jene, die einen Schleier besaßen, zogen ihn über, und wir untersuchten schnell unsere gesammelten Pflanzen und trockneten sie, wonach wir uns die Hände und das Gesicht einschmierten und zu Bett gingen.

Obwohl es nichts zu tun gab, außer die Landschaft zu betrachten, reichte die Zeit kaum, um eine Pflanze zu untersuchen, bevor wir von der Nacht oder der Müdigkeit eingeholt wurden.

So war der normale Ablauf, doch an diesem Abend hatten wir wegen des Regens unser Lager früher aufgeschlagen und hatten mehr Zeit. Wir entdeckten, dass unser Lagerplatz ein alter, kaum erkennbarer Versorgungsweg war, der dem Flusslauf folgte. Das, was man hier als Straßen bezeichnet, weist weder Furchen noch Spuren von Rädern auf, weil sie nicht genutzt werden – nicht einmal von Fußgängern, denn es herrscht nur im Winter Verkehr, wenn der Schnee ein paar Meter hoch liegt. Es ist nur ein undeutlicher Korridor durch den Wald, den man lediglich mit geübten Augen erkennen kann.

Kaum hatten wir unser Zelt aufgeschlagen, da prasselte ein Gewitterregen auf uns hernieder, und wir krochen rasch hinein, zogen unsere Taschen hinterher und waren gespannt, wie viel Schutz uns unser dünnes Baumwolldach bei dieser Exkursion bieten würde. Obwohl der heftige Regen ein dünnes Nieseln durch den Stoff drückte, bevor er gut durchnässt war, und sich zusammenzog, sodass wir ordentlich benetzt wurden, konnten wir uns ziemlich trocken halten. Nur eine Schachtel Streichhölzer war draußen vergessen worden und wurde unbrauchbar, und noch ehe wir es bemerkten, war der Schauer abgezogen, sodass allein die tropfenden Bäume uns gefangen hielten.

Da wir herausfinden wollten, welche Fische es an dieser Stelle des Flusses gab, warfen wir unsere Angelschnüre über die nassen Büsche am Ufer, doch sie wurden immer wieder von der raschen Strömung fortgerissen, ohne dass einer anbiss. Also ließen wir den Indianer kurz vor Einbruch der Nacht zurück und fuhren vielleicht fünfzig Meter weit mit dem Kanu, um an der Mündung eines träge fließenden Baches zu fischen. Wir paddelten fünf bis zehn Meter den Bach hinauf, wurden aber bald von den Moskitos vertrieben. Während wir dort waren, hörten wir den Indianer zweimal rasch hintereinander sein Gewehr abfeuern. Er wollte es nach dem Regen säubern und trocknen, und dann lud er es mit Munition, da wir uns nun in einer Gegend befanden, wo er mit Großwild rechnete. Dieser plötzliche laute Knall in den stillen Korridoren des Waldes kam mir wie eine Beleidigung der Natur vor oder zumindest wie schlechte Manieren, als ob man ein Gewehr in einem Saal oder einem Tempel abfeuerte. Man konnte es jedoch nicht weithin hören, außer entlang des Flusses, da der Knall rasch von den feuchten Bäumen und dem moosbedeckten Boden gedämpft oder verschluckt wurde.

Der Indianer machte nahe der Rückseite des Lagers ein kleines abgedecktes Feuer aus feuchten Blättern, sodass der Rauch hindurchwehte und die Moskitos fernhielt, doch kurz bevor wir einschliefen, flackerte es plötzlich auf und hätte beinahe das Zelt in Brand gesetzt.

IV
Sonntag, 26. Juli

Das Zwitschern der Weißkehlammer war das Erste, das man morgens hörte, und es hallte durch den ganzen Wald. Obwohl man die Vögel meist nicht zu sehen bekam, war ihr schlichtes *ah, te-te-te, te-te-te, te-te-te* derart schrill und durchdringend, dass man es so deutlich hörte, wie ein vorbeifliegender Funke im finstersten Wald unverkennbar sichtbar gewesen wäre. Für gewöhnlich wurden wir durch ihren lebhaften Gesang sehr früh geweckt. Welch ein fabelhaftes Leben müssen sie in jener Wildnis, fern der Menschheit, führen!

Ich sagte dem Indianer, dass wir an diesem Morgen nach Chesuncook in die Kirche gehen wollten, die rund fünfzehn Meilen entfernt war. Das Wetter hatte sich endlich beruhigt. Ein paar Schwalben sausten über das Wasser, wir hörten Maryland-Gelbspötter entlang des Ufers, das Zwitschern der Meise und vermutlich der Rotschwänzchen. Große Elchbremsen folgten uns in der Flussmitte.

Der Indianer meinte, wir sollten am Sonntag ruhen. Er sagte: „Wir kommen hier Dinge ansehn, ganze Gegend ansehn, doch an Sonntag alles nachschlagen und dann Montag wieder ansehn."

Er erzählte von einem Indianer aus seiner Bekanntschaft, der mit einigen Geistlichen zum Berg Katahdin gereist war und ihm von ihrem Verhalten berichtet hatte. Er schilderte dies mit leiser und feierlicher Stimme. „Sie machen langes Gebet jeden Morgen und Nacht und zu jeder Mahlzeit. Am Sonntag rasteten sie, an dem Tag gingen sie nirgendwohin, ruhten, predigten ganzen Tag – erst ein Gebet, dann noch eins, wie in Kirche. Oh, sehr gute Männer. Eines Tags gingen sie Fluss entlang, gingen vorbei an tote Mann in Wasser, schon lange ertrunken. Sie gehen sofort an Ufer – bleiben dort, gehen ganzen Tag nicht weiter – sie halten dort Messe, predigen und beten genau wie Sonntag. Dann gehen sie zurück und nehmen Leiche mit. Oh, sie sehr gute Männer."

Aus diesem Bericht schloss ich, dass sie an jedem Lager eine Messe abhielten, und dass sie eher nach einer Gelegenheit suchten, irgendwo zu predigen, als den Katahdin zu besuchen.

Während er die ganze Zeit mit dem Paddel herumfuchtelte, fügte der Indianer jedoch hinzu, dass er uns begleiten müsse, falls wir gingen, da er unser Mann sei, und er vermutete, dass es nicht schaden könne, wenn er für die Sonntagsarbeit keinen Lohn nähme, wenn doch, dann sei dies von Übel. Ich sagte ihm, er sei strenger als die Weißen. Trotzdem stellte ich fest, dass er letztlich doch nicht vergessen hatte, die Sonntage in Rechnung zu stellen.

Er schien überaus fromm zu sein und sprach seine Gebete mit lauter Stimme auf Indianisch, wenn er morgens und abends vor dem Lager kniete – manchmal, wenn er darauf vergessen hatte, raffte er sich hastig auf und leierte sie ganz schnell herunter. Im Lauf des Tages bemerkte er: „Armer Mann denken öfter an Gott als reicher."

Bald kamen wir an der Insel vorbei, wo ich vor vier Jahren mein Lager aufgeschlagen hatte. Das stehende Wasser ein oder zwei Meilen dahinter sei „ein prächtiger Ort für Elche“, sagte der Indianer. Wir sahen das niedergedrückte Gras, wo ein Elch in der vorigen Nacht hervorgekommen war, und der Indianer behauptete, das Tier aus derselben Entfernung ebenso gut riechen wie sehen zu können, fügte aber hinzu, dass er die Elche heute nicht schießen würde, auch wenn er fünf oder sechs vom Kanu aus sehen könne. Da er der einzige der Gesellschaft war, der ein Gewehr dabei hatte, waren die Elche also außer Gefahr.

Ein Stück weiter stromabwärts flog ein Virginia-Uhu schwerfällig über den Fluss, und Polis fragte mich, ob ich ihn kannte, wobei er vorzüglich das gewöhnliche *huu, huu, huu, huurer, huu* aus unseren Wäldern imitierte.

Wir trugen einen Teil unseres Gepäcks um Pine Stram Falls herum, während der Indianer die Stromschnellen im Kanu hinabfuhr. Ein Kaufmann in Bangor hatte uns erzählt, dass zwei seiner Angestellten ertrunken waren, als sie vor einiger Zeit die Stromschnellen in einem Boot hinuntergefahren seien, und ein Dritter, der sich die ganze Nacht lang an einen Felsen geklammert hatte, sei am nächsten Morgen fortgeschwemmt worden. An dieser Portage und den benachbarten Ufern gab es große purpurrosa Knabenkräuter. Gegen Ende der Portage maß ich die größte Kanubirke, die ich auf unserer Reise gesehen habe. Sie hatte sechzig Zentimeter über dem Boden einen Umfang von vier Metern fünfunddreißig, gabelte sich aber nach eineinhalb Metern in drei Teile. Der Indianer schnitt einen kleinen Holzknoten von der Größe einer Haselnuss aus dem Stamm einer Fichte, anscheinend ein altes Harzbläschen, das sich mit Holz gefüllt hatte und seiner Ansicht nach gute Medizin war.

Nachdem wir aufgebrochen waren und eine halbe Meile zurückgelegt hatten, merkte mein Gefährte, dass er sein Messer vergessen hatte, und wir paddelten gegen eine starke und reißende Strömung, um es zu holen. Dies lehrte uns den Unterschied zwischen stromaufwärts und stromabwärts, denn während wir uns eine Viertelmeile zurückarbeiteten, wären wir in die andere Richtung mindestens eineinhalb Meilen weit gekommen. Wir landeten also, und als mein Freund und der Indianer das Messer holen gingen, beobachtete ich die Bewegung der Gischt und einen weißen Wasservogel in Ufernähe, hundertsechzig bis zweihundertfünfzig Meter flussabwärts. Er kam abwechselnd hinter einem Felsen hervor und verschwand wieder, da er von einem Wirbel im Kreis gedreht wurde.

Gleich hinter diesen Stromschnellen lag das Chesuncook Deadwater, ein stehendes Gewässer, das durch den Rückfluss des Sees erzeugt wurde. Als wir langsam darüber hinwegpaddelten, erzählte uns der Indianer eine Geschichte, wie er einmal in dieser Gegend auf die Jagd gegangen war, und einige interessante Dinge über sich selbst. Offenbar hatte er seinen Stamm in Augusta und einmal in Washington vertreten. Er hielt große Stücke auf Bildung und pflegte gelegentlich Bemerkungen wie die folgende zu machen: „Kademie – gute Sache – ich glauben, sie verwendum dort *Fifth Reader* als Schulbuch. Sie waren in College?“

Wir überquerten das nordwestliche Ende des Sees. Es ist eine angenehme Abwechslung, einen See zu überqueren, nachdem man so lange in den Wäldern eingeschlossen war, nicht nur wegen der größeren Ausdehnung des Wassers, sondern auch wegen des Himmels. Im Wald ist es eine der Überraschungen, die die Natur für den Reisenden bereithält. In diesem Fall wirkte es befreiend und sogar erhebend, den Blick über achtzehn Meilen Wasser schweifen zu lassen. Außerdem öffneten die Seen den Blick auf die Berge und gaben unseren Gedanken reichlich Spielraum und Freiheit. Obwohl dieses Ende des Sees sehr weit von jeglicher Straße entfernt ist, standen hier schon ein halbes Dutzend Blockhütten. In diesen Wäldern finden sich die ersten Ansiedlungen an den Seeufern, ich glaube zum Teil deswegen, weil dort die ältesten Lichtungen in der Nachbarschaft liegen. Das Wasser ist ein Pionier, dem der Siedler folgt, indem er dessen Verbesserungen nutzt.

Gegen Mittag stießen wir in nördlicher Richtung auf eine Art Flussmündung, an deren nordöstlicher Ecke wir den Caucomgomoc River entdeckten, und nachdem wir uns ungefähr eine Meile vom See entfernt hatten, erreichten wir den Umbazookskus. Unser Weg führte den Umbazookskus hinauf, doch da der Indianer eine halbe Meile den Caucomgomoc hinauf einen guten Lagerplatz kannte, also einen kühlen Ort, wo es nur wenige Moskitos gibt, zogen wir dorthin. So tauschten wir rasch den erbaulichen Himmel des Chesuncook gegen den dunklen Wald des Caucomgomoc. Als wir den Lagerplatz des Indianers auf der Südseite erreichten, wo die Uferböschung ungefähr dreieinhalb Meter aufragte, las ich auf dem Stumpf einer Fichte, der von einer Axt markiert worden war, eine Aufschrift aus Holzkohle, die er hinterlassen hatte. Darüber sah man die Zeichnung eines Bären, der ein Kanu paddelt, wobei es sich, wie er sagte, um das Zeichen handelte, das seine Familie seit jeher verwendete. Die Zeichnung war zwar grob, stellte jedoch zweifellos einen Bären dar, und der Indianer glaubte nicht, dass ich ihn abzeichnen konnte. Die Aufschrift lautete folgendermaßen, ich füge seine Übersetzungen der indianischen Begriffe ein:

(Skizze eines Bären in einem Boot)
26. Juli
1853

Niasoseb	Wir allein Joseph
Polis elioi	Polis aufbrechen
sia olta	nach Oldtown
onke ni quanibi	Sofort

15. Juli
1855
niasoseb

Darunter fügte er hinzu:

1857
26. Juli
Jo. Polis

Dies war eine seiner Heimstätten. Ich sah, wo er zuweilen seine Elchhäute an der sonnigen Nordseite des Flusses, auf einer schmalen Wiese, ausgebreitet hatte.

Nachdem wir einen Platz für unser Lager ausgesucht und unser Feuer fast an derselben Stelle angezündet hatten, wo der Indianer zuletzt kampiert hatte, blickte er nach oben und bemerkte: „Dieser Baum gefährlich."

Es war ein abgestorbener Teil einer großen Kanubirke, mit mehr als dreißig Zentimeter Durchmesser, der sich am Boden gabelte. Dieser Ast, der wohl mehr als neun Meter aufragte, beugte sich unmittelbar über der Stelle, die wir als Schlafplatz gewählt hatten. Ich sagte ihm, er solle seine Axt daran erproben, aber er konnte ihn nicht merklich erschüttern, weswegen er ihn lieber ignorieren wollte, und mein Gefährte zeigte sich bereit, das Risiko einzugehen. Mir aber erschien es töricht, darunter zu liegen, denn obwohl der untere Teil stabil war, konnte die Spitze ebenso gut jederzeit herabfallen, und wir würden auf jeden Fall ein sehr unangenehmes Gefühl haben, wenn in der Nacht Wind aufkam. Männer, die im Wald ihr Lager aufschlagen, können leicht von einem umstürzenden Baum getötet werden. Das Lager wurde also auf die andere Seite des Feuers verlegt.

Der Indianer sagte, dass der Umbazookskus, der ein stehender Fluss mit breiten Wiesen ist, ein guter Ort für Elche sei, und er käme oft zum Jagen hierher, wobei er drei Wochen oder länger von Oldtown aus allein umherzog. Manchmal jagte er auch bei den Seboois Lakes, fuhr vielleicht hundert Meilen mit der Postkutsche, mitsamt seinem Gewehr, mit Munition, der Axt, Decken, Zwieback und Schweinefleisch, stieg an der wildesten Stelle der Strecke aus, wo er sich sofort heimisch fühlte und jedes Stück des

Weges wie ein Gasthaus für ihn war. Dann, nach einer kurzen Wanderung durch die Wälder, fertigte er an einem Tag ein Kanu aus Fichtenrinde, baute nur wenige Spieren ein, damit es nicht zu schwer wurde, und nachdem er damit auf den Seen gejagt hatte, kehrte er auf demselben Weg, den er gekommen war, mit seinen Fellen zurück. Auf diese Weise nutzt ein Indianer die Errungenschaften der Zivilisation, ohne etwas von seiner Fähigkeit zu verlieren, im Wald zu überleben. Er erweist sich so nur als ein noch besserer Jäger.

Dieser Mann war sehr schlau und lernte rasch alles, was zu seinem Fach gehörte. Unser Zelt war von einer Art, die ihm unbekannt war, aber nachdem er es einmal aufgeschlagen gesehen hatte, konnte er erstaunlich schnell einen Pfosten und gegabelte Stecken finden und anpassen, um es aufzustellen, wobei er gleich beim ersten Versuch alles richtig machte. Ich bin mir sicher, dass die meisten Weißen dabei mehrmals gepfuscht hätten.

Nun, dachte ich, könnte ich beobachten, wie er seinen Sonntag verbrachte. Während ich und mein Gefährte Bäume und Fluss besichtigten, ging er schlafen. Tatsächlich nutzte er jede Gelegenheit für ein Nickerchen, unabhängig von der Tageszeit.

Als ich beim Lager durch die Wälder streifte, stellte ich fest, dass sie hauptsächlich aus Tannen, Fichten, Rotahorn, Birken und, am Fluss entlang, aus Schwarzerlen bestanden. Ich konnte die Umrisse großer Birken erkennen, die vor langer Zeit umgestürzt, verrottet und zu Erde geworden waren, anhand von zarten gelb-grünen Linien fedrigen Mooses, die achtzehn Zoll breit und sechs bis neun

Meter lang waren und von ähnlichen Linien gekreuzt wurden.

So wild es auch war, war es für mich dennoch schwierig, die Assoziationen der Siedlungen loszuwerden. Jedes gleichmäßige und monotone Geräusch, dem ich nicht besondere Aufmerksamkeit schenkte, hätte als Klang menschlicher Arbeit durchgehen können. In meiner Vorstellung waren die Wasserfälle, die ich hörte, nicht ohne ihre Dämme und Mühlen, und mehrmals bemerkte ich, dass ich das gleichmäßige Rauschen des Windes von jenseits der Wälder hinter den Flüssen mit Eisenbahnwaggons verwechselt hatte. Unser Verstand zieht immer und überall eifrig Schlüsse aus falschen Voraussetzungen, wenn er sich selbst überlassen bleibt.

Ich bat den Indianer, uns eine Zuckerschale aus Birkenrinde zu fertigen, was er auch tat, indem er das große Messer benutzte, das in einer Scheide von seinem Gürtel baumelte. Doch die Rinde brach an den Ecken, als er sie hochbog, und er meinte, sie tauge nichts – die Rinde einer Kanubirke und einer anderen könne in dieser Hinsicht sehr verschieden sein.

Mein Gefährte, der den Unterschied zwischen Schwarzfichte und Weißtanne wissen wollte, bat Polis, ihm einen Zweig der Letzteren zu zeigen, was er sogleich tat und auch noch auf einen Weißtannenzweig deutete. Er konnte sie tatsächlich unterscheiden, wenn sie nur in Sichtweite waren. Da die beiden Zweige sich sehr ähnlich waren, fragte mein Freund den Indianer, worin der Unterschied bestehe. Daraufhin nahm dieser die Zweige, strich mit der Hand nacheinander darüber, als ob er sie streichelte, und bemerkte sofort, dass die Weißtanne rau war, da die

Nadeln fast senkrecht abstanden, die Schwarzfichte aber glatt, als ob die Nadeln umgebogen worden wären. Dies war ein offenkundiger Unterschied, sowohl für das Auge als auch für den Tastsinn.

Ich bat ihn, Wurzeln von der Schwarzfichte zu holen und daraus Garn zu fertigen. Daraufhin begann er im Boden zu wühlen, ohne zuvor zu den Bäumen hinaufzublicken, entdeckte sofort die Schwarzfichtenwurzeln, schnitt ein dünnes, neunzig bis hundertzwanzig Zentimeter langes Stück ab, das so dick wie ein Pfeifenstiel war. Dann spleißte er das Ende mit seinem Messer, nahm mit beiden Händen je eine Hälfte zwischen Daumen und Zeigefinger und teilte die Wurzel der Länge nach in zwei gleiche halbzylinderförmige Teile. Dann reichte er mir eine andere Wurzel und sagte: „Sie versuchen."

Doch in meinen Händen teilte sich die Wurzel nicht gleichmäßig, so dass ich nur ein sehr kurzes Stück erhielt. Obwohl es einfach aussah, merkte ich, dass das Spleißen dieser Wurzeln eine große Kunst war. Die Spaltung wird geschickt durch kurze Biegungen mit der einen oder anderen Hand gelenkt und in der Mitte gehalten. Dann schälte Polis von jeder Hälfte die Rinde ab und presste mit beiden Händen ein kurzes Stück Zedernrinde gegen die gewölbte Seite, während er die Wurzel mit seinen Zähnen nach oben zog. Die Zähne eines Indianers sind stark, und ich bemerkte, dass er seine oft benutzte, wo wir eine Hand benutzt hätten. Sie waren so nützlich wie eine dritte Hand. Auf diese Weise gewann er im Nu einen sauberen, starken, elastischen Faden, den er verknoten oder sogar zu einer Angelschnur machen konnte. Er sagte, er müsste für eine auf diese Weise bearbeitete Fichtenwurzel, die für ein Kanu ausreichen würde, einen halben Dollar zahlen.

Am Vortag hatte er entdeckt, dass sein Kanu ein wenig leckte, und meinte, dies käme davon, dass jemand zu heftig hineingetreten sei. Ich fragte ihn, wo er Pech bekommen könne, um es auszubessern, denn sie verwenden normalerweise Hartpech, das sie den Weißen in Oldtown abkaufen. Er sagte, er könne etwas ganz Ähnliches und ebenso Gutes aus Material herstellen, das wir mit uns führen, und ließ mich raten, worum es sich dabei handelte. Doch ich konnte es nicht erraten, und er wollte es mir nicht sagen, aber er zeigte mir, als es fertig war, eine erbsengroße Kugel davon, die schwarzem Pech ähnelte. Dann sagte er, es gebe ein paar Dinge, die ein Mann nicht einmal seiner Frau verrät.

Da ich neugierig war, welche Fischarten in diesem dunklen, tiefen, trägen Fluss lebten, warf ich meine Angelschnur kurz vor Einbruch der Nacht aus und fing einige karpfenartige Fische, die der Indianer sofort mit den Worten zurückwies, sie seien zu nichts nütze. Auch einen Schellfisch, den ich gefangen hatte, wollte er nicht anrühren und sagte, dass weder die Indianer noch die Weißen dieser Gegend sie jemals aßen. Er meinte jedoch, dass kleine silbrige Fische die ich Hasel nannte, die besten in den Wassern von Penobscot seien, und wenn ich ihm ein paar die Uferböschung hinaufwerfen würde, würde er sie für mich zubereiten. Nachdem er sie nicht übermäßig sorgfältig gereinigt hatte, legte er sie mitsamt dem Kopf auf die Kohlen und briet sie.

Als er von einem kurzen Spaziergang zurückkehrte, brachte er eine Rebe mit, aus der man seiner Meinung nach den besten Tee des ganzen Waldes kochen konnte. Es war eine kriechende Schneebeere, die hier häufig vorkam und deren Beeren gerade reif waren. Also beschlossen wir, Tee daraus zu machen. Er schmeckte leicht nach Rebhuhnbeere, und wir waren beide der Meinung, dass er besser schmeckte als der schwarze Tee, den wir mitgebracht hatten. Wir hielten es für eine regelrechte Entdeckung und dachten, man könne die Pflanze trocknen und in den Läden verkaufen. Ich persönlich bin allerdings kein alter Teetrinker und kann hier keine maßgebliche Meinung abgeben. Der Indianer erzählte, dass sie auch ein bestimmtes Kraut als Tee verwendeten, das im Tiefland wuchs und das ich hier nicht finden konnte, aber auch Labrador-Tee und Hemlocktannennadeln – letztere besonders im Winter, wenn die anderen Pflanzen mit Schnee bedeckt waren – sowie verschiedene andere Dinge. Wir hätten jeden Abend eine neue Teesorte probieren können.

Kurz bevor Einbruch der Nacht sahen wir eine *musquash* oder Bisamratte, die einzige, die wir auf dieser Reise beobachteten, auf der anderen Seite des Flusses stromabwärts schwimmen. Der Indianer, der ein Tier fangen wollte, um es zu braten, wies uns an, still zu sein, und sagte: „Halt, ich sie rufen.“ Dann setzte er sich flach auf die Uferböschung und begann mit seinen Lippen ein seltsames quietschendes, vibrierendes Geräusch zu machen, wobei er sich mächtig anstrengte. Ich war sehr erstaunt – dachte, dass ich nun endlich in der Wildnis angekommen und er wirklich ein Wilder sei, der mit einer Bisamratte sprach! Ich wusste nicht, welches der beiden Geschöpfe mir merkwürdiger vorkam. Der Indianer schien plötzlich alles Menschliche aufgegeben zu haben und auf die Seite der Bisamratte übergewechselt zu sein. Die Bisamratte wandte sich jedoch nicht um, soweit ich sehen konnte, und der Indianer meinte, sie habe unser Feuer bemerkt. Dennoch war es offensichtlich, dass er daran gewöhnt war, dieses Tier zu sich zu rufen, so wie er es behauptete. Ein Bekannter von mir, der einen Monat später in diesen Wäldern Elche jagte, erzählte mir, dass sein Indianer immer wieder die Bisamratten in Reichweite seines Paddels im Mondlicht lockte und sie erschlug.

Der Indianer sprach an diesem Sonntagabend ein besonders langes Gebet, als wolle er für die morgendliche Arbeit Abbitte leisten.

V
Montag, 27. Juli

Nachdem wir das Kanu rasch beladen hatten, wobei der Indianer stets sorgsam darauf achtete, dass alles gut verstaut war, und jeder sich wie gewöhnlich umgesehen hatte, um sicherzugehen, dass nichts zurückgelassen wurde, brachen wir erneut auf, fuhren den Caucomgomoc hinab und wandten uns dann nach Nordosten, den Umbazookskus hinauf. Der Indianer sagte, dieser Name bedeute *Fluss vieler Wiesen*. Wir stellten fest, dass er nun wegen des Regens sehr breit geworden war. Die Lichtung zwischen den Wäldern war zwischen einem viertel und einem Kilometer breit und bestand hauptsächlich aus kahler Wiese.

Im Wasser auf den Wiesen wuchsen Riedgras, Wollgras und zahllose gewöhnliche blaue Schwertlilien, deren Blüten sich gerade über dem Hochwasser zeigten, als seien sie blaue Wasserlilien, und an höher gelegenen Stellen standen zahlreiche Gruppen von Weiden mit besonders schmalen Blättern. Auch die rote Korbweide wuchs hier, deren große Samen bereits weißlich aussahen.

Es war ungewöhnlich, dass die Wälder so weit vom Ufer entfernt lagen, und sie erzeugten sogar ein Echo, doch als ich rief, um es auszulösen, erinnerte mich der Indianer daran, dass ich den Elch verscheuchen würde, nach dem er Ausschau hielt und den wir alle sehen wollten.

Als wir einige Meilen den Umbazookskus hinaufgepaddelt waren, zog er sich plötzlich zu einem bloß schmalen und rasch fließenden Bach zusammen, an dessen Ufer die Lärchen und andere Bäume heranrückten und keine Wiesenflächen freiließen. Wir gingen an Land, um eine Schwarzfichtenstange zu besorgen, mit der wir uns gegen die Strömung abstoßen konnten. Diejenige, die wir auswählten, war ziemlich dünn, maß ungefähr drei Meter, wurde am Ende zugespitzt und die Rinde abgeschält.

Während wir derart beschäftigt waren, kamen zwei den Fluss hinabfahrende Indianer in einem Kanu in Sichtweite, als sie die Büsche umrundeten. Unser Indianer kannte einen der beiden, einen alten Mann, und unterhielt sich mit ihm. Er wohnte am unteren Ende des Moosehead Lake. Der Begleiter gehörte zu einem anderen Stamm. Sie kehrten von der Jagd zurück. Ich fragte den Jüngeren, ob sie Elche gesehen hätten, worauf er verneinte. Ich aber sah die Elchhäute aus einem großen Bündel herausragen, das sie mit ihren Decken in der Mitte des Kanus gemacht hatten, und fügte hinzu: „Nur ihre Häute."

Weil er ein Fremder war, wollte er mich womöglich täuschen, denn es ist in Maine für Weiße und Fremde illegal, in dieser Jahreszeit Elche zu töten. Aber vielleicht hätte er keine Angst haben müssen, denn die Elchhüter nehmen es nicht sonderlich genau. Ich habe von einem gehört, der auf dem Weg in den Wald von einem Weißen gefragt wurde, was er dazu sagen würde, wenn er einen Elch töte, und er antwortete: „Wenn Sie mir ein Viertel davon mitbringen, bekommen Sie wahrscheinlich keinen Ärger." Er meinte, seine Pflicht sei lediglich, ihr „willkürliches" Abschlachten wegen ihrer Häute zu verhindern. Er hielt es wohl für *willkürliches* Abschlachten, wenn man kein Viertel für ihn reservierte.

Wir reisten weiter durch den größten Lärchenwald, den ich je gesehen hatte – hohe und schlanke Bäume mit phantastischen Zweigen. Man findet keine einzelnen Bäume dieser Sorte hier und da im Wald verstreut, sondern eher ein Wäldchen davon. Dasselbe gilt für die Weiß- und Rotkiefer und einige andere Baumsorten, was dem Holzfäller die Arbeit beträchtlich erleichtert. Sie lieben Gesellschaft, wachsen in „Reihen", „Wäldchen", „Gruppen" oder „Ansammlungen", wie sie von den Forschungsreisenden genannt werden, die von weither, von einem Baumwipfel oder einer Hügelkuppe, die Weißkiefern ausmachen können, die über dem sie umgebenden Wald emporragen oder selbst ausgedehnte Wälder bilden. Ich wäre gern auf eine große Ansammlung von Kiefern gestoßen, die noch nie von der Armee der Holzfäller heimgesucht wurde.

Am Ufer sahen wir einige frische Elchspuren. Der Fluss war nur zwischen siebeneinhalb und fünfzehn Meter breit, ziemlich gewunden, mit gelegentlichen kleinen Inseln, Wiesen sowie einigen Stellen mit heftiger Strömung und Untiefen. Wenn wir auf eine Insel stießen, zögerte der Indianer nie, eine Seite zu wählen, als ob die Strömung ihm sagte, wo der Weg kürzer und der Fluss tiefer sei. Wir hatten Glück, dass das Wasser so hoch stand. Nur einmal mussten wir an diesem Fluss zu Fuß gehen, an einem Abschnitt, der seicht war und eine starke Strömung aufwies. Polis blieb im Kanu, das nicht an Land gebracht werden musste, obwohl der Indianer meinte, dass das Wasser „sehr stark" sei. Ein- oder zweimal kamen wir an dem roten Wrack eines Flussboots vorbei, das eines Frühlings leckgeschlagen war.

Als wir dabei waren, diese Portage zu bewältigen, sah ich viele prachtvolle, fast einen Meter hohe Exemplare des großen purpurrosa Knabenkrauts. Es ist bemerkenswert, dass so zarte Blumen diese Pfade durch die Wildnis zieren.

Der Umbazookskus ist angeblich zehn Meilen lang. Nachdem wir seinen schmalsten Abschnitt ungefähr drei oder vier Meilen hinaufgestakt waren, tat sich die nächste Lichtung am Himmel über Umbazookskus Lake auf, in den wir unvermittelt um ungefähr elf Uhr Vormittag einfuhren. Der See erstreckt sich vier oder fünf Meilen in nordwestliche Richtung. Wir überquerten das südöstliche Ende zur Portage nach Mud Pond.

Laut Hodge, der in Staatsdiensten auf diesem Weg zum St. Lawrence reiste, ist diese Portage eine und eine dreiviertel Meile lang. Der Indianer meinte, diese Portage sei die feuchteste im Staat, und da es in dieser Jahreszeit sehr regnerisch war, rechneten wir mit einem unangenehmen Spaziergang. Wie gewöhnlich machte Polis aus dem Fässchen mit Schweinefleisch, dem Kochgeschirr und anderem losem Gepäck ein großes Bündel, indem er alles in seiner Decke verschnürte. Wir würden die Portage wohl zweimal überqueren müssen, und unsere Methode sah vor, die Hälfte des Gepäcks auf halber Strecke abzusetzen und dann zurückzugehen, um den Rest zu holen.

Unser Weg führte an diesem Ende der Portage nahe an der Tür einer Blockhütte vorbei, die nur der Indianer betrat und sie von einem Kanadier und seiner Familie bewohnt fand – der Mann war vor einem Jahr erblindet. Dies war das erste Haus nach Chesuncook und wurde zweifellos hier erbaut, weil die Holzfäller diese Route im Winter und im Frühling benutzten.

Nach einem leichten Aufstieg vom See über den weichen Boden der Lichtung des Kanadiers betraten wir einen ebenen, sehr feuchten und felsigen Pfad durch den dichten Nadelwald, eigentlich nichts als eine unregelmäßig gepflasterte Rinne, wo wir von Fels zu Fels und von einer Seite zur anderen sprangen, ohne dass es uns gelang, dem Wasser und dem Schlamm auszuweichen. Der weiße Jäger, den ich in der Kutsche getroffen hatte, erzählte mir, er habe vor ein paar Monaten auf dieser Portage zwei Bären erlegt. Sie standen mitten auf dem Weg und flohen nicht vor ihm. Er sagte, in dieser Jahreszeit fände man Bären, die auf den Bergen und Abhängen nach Beeren suchten und leicht frech würden.

Hier beginnt, was man vor zwanzig Jahren das beste Waldland des Staates nannte. Genau diese Stelle wurde als „bedeckt vom größten und reichsten Kiefernbestand" bezeichnet, doch mittlerweile schien mir dieser Baum vergleichsweise selten geworden zu sein – obwohl man nicht erkennen konnte, wo inmitten der dicht wachsenden Zedern, Fichten etc. noch mehr Bäume hätten stehen können.

Der Indianer mit seinem Kanu verschwand bald vor uns, kehrte aber kurz darauf wieder zurück und wies uns an, einen Pfad zu nehmen, der nach Westen abzweigte und besser begehbar war, und auf meinen Vorschlag hin stimmte er zu, einen Ast auf der regulären Portage zurückzulassen, damit wir nicht versehentlich an der Abzweigung vorbeigingen. Danach, sagte er, sollten wir uns an den Hauptpfad halten, und fügte hinzu: „Ihr sehen meine Spuren."

Ich vertraute jedoch nicht allzu sehr darauf, dass wir seine Spuren ausmachen können, da auch andere in den letzten Tagen die Portage überquert hatten. Wir bogen an der richtigen Stelle ab, waren aber bald von zahlreichen Holzfällerwegen verwirrt, die auf den Pfad stießen, auf dem wir uns befanden. Wir blieben jedoch auf dem, den wir für den Hauptpfad hielten, obwohl er sehr gewunden war, und entdeckten darauf in großen Abständen undeutliche Fußspuren. Dieser Weg war zunächst besser oder zumindest trockener als die reguläre Portage, die wir verlassen hatten, obwohl er vergleichsweise ungenutzt war. Er führte durch eine überaus unwirtliche Lebensbaumwildnis. Die großen umgestürzten und verrottenden Bäume waren durchgesägt und an den Rand gerollt worden, und ihre mächtigen Stämme säumten den Pfad auf beiden Seiten, während andere einen halben bis einen Meter hoch quer darüberlagen.

Für uns war es unmöglich, die Spur des Indianers im nachgiebigen Moos auszumachen, das jeden Fels und jeden umgestürzten Baum und auch den Boden wie ein dicker Teppich bedeckte. Trotzdem konnte ich gelegentlich die Spur eines Mannes erkennen und war stolz darauf. Ich trug mein ganzes Gepäck auf einmal, einen schweren Rucksack und eine große Kautschuktasche, die unser Brot und eine Decke enthielt und an einem Paddel baumelte – alles in allem rund sechzig Pfund schwer –, doch mein Gefährte wollte lieber zweimal gehen und die Strecke in kurze

Abschnitte unterteilen, während ich auf ihn wartete. Wir konnten nicht mit Sicherheit sagen, ob wir unser Gepäck nicht jedes Mal weiter entfernt vom richtigen Pfad absetzten.

Während ich auf meinen Begleiter wartete, schien sehr viel Zeit zu verstreichen, und ich hatte reichlich Gelegenheit, den Wald in Augenschein zu nehmen. Zunächst wurde ich ernstlich von der Kriebelmücke gepeinigt, eine kleine, aber perfekt geformte Mücke von schwarzer Farbe, ungefähr ein Zehntel Zoll lang, die ich erst spürte und dann in Schwärmen um mich herumsummen sah, derweil ich an einer breiteren Abzweigung dieses dunklen Waldwegs saß, die noch fragwürdiger war als die anderen. Ich erinnerte mich an eine Tinktur in meinem Rucksack, die eine zuvorkommende Person in Bangor zubereitet hatte, rieb hastig mein Gesicht und meine Hände damit ein und stellte freudig fest, dass sie – solange die Tinktur frisch war, oder ungefähr zwanzig Minuten – nicht nur gegen Kriebelmücken, sondern gegen all die Insekten wirkte, die uns plagten. Auf dem Körperteil, das damit verteidigt wurde, wollten sie sich nicht niederlassen. Die Sache bestand aus Oliven- und Terpentinöl mit einer Prise Pfefferminzöl und Kampfer. Ich kam jedoch letztlich zu dem Schluss, dass das Heilmittel schlimmer war als die Heimsuchung, denn es war überaus unangenehm und lästig, Gesicht und Hände mit solch einer Mixtur bedeckt zu haben.

Drei große schieferfarbene Vögel der Gattung Häher, Kanada-Häher, flogen herbei, kamen leise immer näher und hüpften neugierig die Äste herab, bis auf rund zwei Meter Entfernung. Fischadler vom See stießen ihre schrillen Pfeiftöne in meiner Nähe knapp über den Baumwipfeln des Waldes aus, als ob sie dort ihre Nester bauen wollten.

Nachdem ich eine Zeit lang an dieser Stelle gesessen war, bemerkte ich an der Abzweigung am Weg einen Baum, der markiert worden war und auf dem in roter Kreide die Buchstaben „Chamb. L." geschrieben standen. Ich wusste, dass dies Chamberlain Lake bedeutet. So folgerte ich, dass wir uns im Großen und Ganzen auf dem richtigen Weg befanden.

Als mein Gefährte mit seiner Tasche zurückgekehrt war, gingen wir weiter. Das Gehen wurde rasch beschwerlicher und der Pfad schlechter zu erkennen, und schließlich erreichten wir einen offeneren und richtigen Sumpf, der wegen der ungewöhnlich nassen Jahreszeit noch schwerer zu durchqueren war. Mit jedem Schritt versanken wir dreißig Zentimeter tief und manchmal bis zu den Knien in Wasser und Schlamm. Der Pfad war fast völlig verschwunden, war nur noch eine bloße Spur, wie sie eine Bisamratte an ähnlichen Orten hinterlässt, wenn sie das überschwemmte Riedgras teilt. Wahrscheinlich war es an einigen Stellen wirklich ein Bisamrattenpfad. Wir kamen zu dem Schluss, dass Mud Pond („Schlammsee") seinem Namen jedenfalls gerecht wird, wenn er ebenso schlammig war wie der Weg dorthin. Es wäre amüsant gewesen, uns zuzusehen, wie wir verbissen und vorsichtig in den Sumpf stiegen, ohne ein Wort zu wechseln, als ob wir entschlossen wären, ihn zu durchqueren, auch wenn er uns bis zum Hals steht. Nachdem wir eine beträchtliche Strecke darin zurückgelegt hatten und ein Grasbüschel fanden, auf dem wir unser Gepäck ablegen konnten, wenn auch zum Hinsetzen nicht Platz genug war, ging mein Gefährte zurück, um den Rest seiner Sachen zu holen.

Nach langer Zeit kehrte er in Begleitung des Indianers zurück. Wir hatten den falschen Weg genommen, und der Indianer hatte uns verloren. Er war zum Lager des Kanadiers zurückgegangen und hatte ihn gefragt, welchen Weg wir wahrscheinlich gewählt hatten, da er besser verstehen konnte, wie Weiße sich verhielten, und er hatte ihm ganz richtig mitgeteilt, dass wir zweifellos den Versorgungsweg zum Chamberlain Lake gegangen seien. Der Indianer war sehr erstaunt darüber, dass wir anstatt einer Portage einen Transport- oder Versorgungsweg genommen hatten – den er „tow" nannte – und dass wir nicht seinen Spuren gefolgt waren. Er hielt dies für „seltsam" und hatte offenkundig eine geringe Meinung von unserer Überlebensfähigkeit in den Wäldern.

Nachdem wir uns beraten und einen Bissen Brot gegessen hatten, kamen wir zu dem Schluss, dass es vielleicht ein kürzerer Weg für uns beide wäre, nicht zum Mud Pond, sondern erst weiter zum Chamberlain Lake und von dort noch einmal zum erstgenannten See zu gehen, obwohl der Indianer diese Strecke nie gegangen war und nichts darüber wusste. In der Zwischenzeit würde er zurückgehen, sein Kanu und sein Gepäck weiter zum Mud Pond tragen, diesen überqueren und über seinen Durchlass zum Chamberlain Lake hinaufpaddeln, wo er uns hoffentlich vor Einbruch der Nacht treffen würde. Nun war es kurz nach Mittag. Er vermutete, dass das Wasser, in dem wir standen, vom Mud Pond zurückgeflossen sei, der nicht weit entfernt in östlicher Richtung liegen musste, aber durch den dichten Zedernsumpf unerreichbar war.

Beim Weitergehen wurde diese Vermutung bald auf erfreuliche Weise widerlegt, da wir festeren Boden erreichten und einen Grat überquerten, wo der Pfad deutlicher auszumachen war, doch gab es nirgends einen Ausblick über den Wald. An einer Stelle hörte ich einen sehr deutlichen und durchdringenden Schrei eines kleinen Falken, der über meinem Haupt durch die Baumwipfel sauste. Auch sahen und hörten wir mehrmals das rote Eichhörnchen. Dies war nach der Meinung des Indianers die einzige Eichhörnchenart, die man in diesen Wäldern antreffen könne, außer ein paar wenigen gestreiften. Es muss in diesen dunklen Nadelwäldern ein einsames Leben führen, wo es so wenig Tiere gibt und die nächste Straße, von der auch wir gekommen waren, fünfundsiebzig Meilen entfernt ist. Ich fragte mich, wie es irgendeinen besonderen Baum hier sein Zuhause nennen konnte, und dennoch rannte es den einen Stamm unter Myriaden hinauf, als sei es für ihn ein altbekannter Weg. Ich stellte mir vor, es müsse froh sein, uns zu sehen, obwohl es uns eher auszuschelten schien. Diese düsteren Tannenwälder sind nicht vollständig, wenn man aus ihren höhlenartigen, moosigen und verästelten Schlupfwinkeln nicht das dünne Gezeter des Eichhörnchens vernimmt – sein adrettes Stimmchen, das wie der Saft klingt, der durch den feinen Spalt eines Baums dringt. Solch ein dreister Geselle pflegte gelegentlich zu versuchen, den Wald um mich herum in Aufruhr zu versetzen.

„Oh“, sagte ich, „ich bin mit deiner Familie wohlvertraut. Ich kenne deine Cousins in Concord sehr gut.“ Doch meine Annäherungsversuche blieben vergeblich, denn es zog sich über seine luftige Schnellstraße in einen ferneren Zedernwipfel zurück und begann erneut loszuschnattern.

Wir betraten einen anderen Sumpf, in dem wir gezwungenermaßen nur langsam vorankamen und man schlechter gehen konnte als je zuvor, nicht nur wegen des Wassers, sondern auch wegen umgestürzter Bäume, die den undeutlichen Pfad oft vollständig verbargen. Diese Stämme waren so zahlreich, dass die Route über eine lange Strecke hinweg aus einer Reihe kleiner Höfe bestand, wo wir über Zäune klettern mussten, die uns bis zum Scheitel reichten, dann hinunter ins oftmals knietiefe Wasser, und danach über einen weiteren Zaun in einen zweiten Hof und so weiter. An vielen Stellen hätte das Kanu schwimmen können, wenn die umgestürzten Bäume nicht gewesen wären. Dann wieder war es offener, doch ebenso nass, zu nass, als dass Bäume hätten wachsen können. Es war ein moosiger Sumpf, für dessen Durchquerung man die langen Beine eines Elches benötigt hätte, und es ist sehr wahrscheinlich, dass wir einige bei unserem Marsch aufschreckten, obwohl wir keine sahen. Die Landschaft war dazu geschaffen, das Echo von Bärengebrumm, Wolfsgeheul oder Pantherbrüllen zurückzuwerfen, doch wenn man so ungefähr in die Mitte eines dieser grimmigen Wälder gelangt, stellt man erstaunt fest, das hier für gewöhnlich keine größeren Bewohner heimisch sind, sondern dass es nur ein kümmerliches rotes Eichhörnchen gibt, das einen ausschimpft. Im Großen und Ganzen gibt es in der heulenden Wildnis kein Geheul. Ich habe allerdings ein totes Stachelschwein gesehen. Vielleicht war es den schwierigen Bedingungen des Weges erlegen. Diese kleinen stachligen Gesellen passen ausgezeichnet zu einer so widerborstigen Wildnis.

Eine Holzfällerstraße in Maine anzulegen nennt man „swamping it", und jene, die die Arbeit verrichten, nennt man „swampers" – von „swamp", dem englischen Wort für Sumpf. Nun merkte ich, wie angemessen dieser Begriff war. Dies war die versumpfteste aller Straßen, die ich je gesehen habe. Hier muss die Natur Hand in Hand mit der Kunst gewirkt haben. Man wird Ihnen aber wahrscheinlich weismachen wollen, dieser Name gehe auf die Tatsache zurück, dass die Hauptarbeit der Straßenbauer in diesen Wäldern darin besteht, die Sümpfe passierbar zu machen. Wir erreichten einen Fluss, wo die Brücke, die man aus mit Zedernrinde zusammengebundenen Baumstämmen gebaut hatte, beschädigt war, und wir überquerten sie mit Müh und Not. Immerhin war diese zerstörte Brücke der wichtigste Beweis dafür, dass wir uns überhaupt auf einem Pfad befanden.

Danach überquerten wir eine weitere, leicht ansteigende Ebene, und ich, der Schuhe trug, fand die Gelegenheit, meine Socken auszuwringen, doch mein Gefährte mit seinen Stiefeln hielt dies für keine gute Idee, da er seine nassen Stiefel womöglich nicht mehr hätte anziehen können. Er überquerte das Gelände oder eher das Wasser dreimal, weswegen wir nur sehr langsam vorankamen. Außerdem machten die Fluten unsere Füße weich, wodurch das Wandern einigermaßen beschwerlich wurde.

Während ich dasaß und auf meinen Freund wartete, schien er für unberechenbar lange Zeit fort zu sein. Deswegen, und weil ich durch den Wald erkennen konnte, dass die Sonne allmählich unterging und wir nicht wussten, wie weit der See noch entfernt lag, schlug ich vor, so schnell ich konnte weiterzugehen. Ich wollte meinen Weg mit Zweigen markieren, den See und den Indianer falls möglich vor dem Abend finden und Polis zurückzuschicken, um die Tasche meines Gefährten zu tragen.

Als ich ungefähr eine Meile weit gegangen war, hörte ich ein Geräusch, das wie der Ruf einer Eule klang, doch merkte ich bald, dass es vom Indianer stammte, und wir trafen uns kurz nachdem ich ihm geantwortet hatte. Er hatte den See über den Mud Pond erreicht, war ein paar Stromschnellen hinabgefahren und unseren Pfad ungefähr eineinhalb Meilen hinaufgewandert. Wenn er nicht zurückgekehrt wäre, um uns zu treffen, hätten wir ihn an jenem Abend wohl nicht gefunden, denn der Pfad gabelte sich einoder zweimal, bevor er auf diesen bestimmten Abschnitt des Sees stieß. Er ging also weiter zurück, um nach meinem Gefährten und seiner Tasche zu sehen. Als wir durch einen weiteren Fluss wateten, wo die aus Baumstämmen gefertigte Brücke beschädigt und zum Teil fortgeschwemmt worden war, marschierten wir weiter abwechselnd durch Schlamm und Wasser zu den Ufern des Apmoojenegamook Lake, die wir rechtzeitig für ein spätes Abendessen erreichten. Eigentlich hatten wir geplant, dort zu Mittag zu essen, mussten aber diese Mahlzeit überspringen.

Der Weg, den wir eingeschlagen hatten, war mindestens fünf Meilen lang, und da mein Gefährte den Großteil der Strecke dreimal zurückgelegt hatte, war er ein gutes Dutzend Meilen gewandert. Im Winter, wenn das Wasser gefroren ist und der Schnee rund eineinhalb Meter hoch liegt, dann ist es zweifellos ein akzeptabler Weg für einen Fußgänger. Falls jemand eine genaue Anweisung benötigt, um eine solche Straße anzulegen, nehme er ein Teil Mud Pond und verdünne ihn zu gleichen Teilen mit Umbazookskus und Apmoojenegamook. Dann schicke er eine Bisamrattenfamilie los, um sie einzurichten, das Gefälle und die Abflüsse zu prüfen und sie nach ihrem Ermessen fertigzustellen, und lasse einen Wirbelsturm los, der sich um die Einzäunung kümmert.

Wir kamen an einer Landspitze heraus, die in den Apmoojenegamook oder Chamberlain Lake hineinragte und ein breites, mit Kies und Felsen bedecktes Ufer besaß, auf dem zahllose gebleichte Stämme lagen und Bäume standen. Wir waren überglücklich, in jenem Teil der Welt auf solch trockene Dinge zu stoßen. Doch zunächst widmeten wir uns weniger dem Trockenen als dem Schlamm und der Feuchtigkeit. Wir gingen alle drei bis zum Nabel ins Wasser, um unsere Kleidung zu waschen.

Dies war ein weiterer edler See von zwölf Meilen Länge. Wenn man den Telos Lake dazurechnet, der mit ihm über ein stehendes Wasser verbunden ist, seit der Damm gebaut wurde, wären es zwanzig Meilen, und er ist offenkundig zwischen eineinhalb und zwei Meilen breit. Wir befanden uns ungefähr in der Mitte seiner Länge am Südufer. Wir konnten am gegenüberliegenden Ufer in ungefähr zweieinhalb Meilen Entfernung die einzige Lichtung in dieser

Gegend erkennen, die „Chamberlain Farm“ genannt wird, mit zwei oder drei dicht beisammen stehenden Blockhäusern. Der Rauch unseres Feuers lockte zwei Männer in einem Kanu von der Farm zu uns herüber, denn es ist üblich, ein Rauchsignal zu geben, wenn man den See überqueren möchte. Sie benötigten rund eine halbe Stunde für die Überfahrt und wurden diesmal nur mit Arbeit für ihre Mühe belohnt.

Nachdem wir uns, soweit vorhanden, trockene Kleidung angezogen und die nassen Sachen über einer Stange, die der Indianer am Feuer aufgestellt hatte, zum Trocknen aufgehängt hatten, aßen wir unser Abendbrot und legten uns, ohne das Zelt aufzustellen, mit den Füßen zum Lagerfeuer am Kieselstrand auf ein dünnes Bett aus Gras, das die Steine bedeckte.

Hier wurde ich zuerst von einer kleinen Gnitze gepeinigt, die man „no-see-em“ nennt und die man besonders über dem Sand in Ufernähe antrifft, da es sich um eine Art Sandfliege handelt. Wenn ihre leicht gefärbten Flügel nicht wären, würde man sie nicht bemerken. Man sagt ihr nach, dass sie unter die Kleidung schlüpft und ein Fieber erzeugt, welches ich vermutlich in jener Nacht spürte.

Unsere Feinde aus dem Reich der Insekten bei diesem Ausflug waren an erster Stelle Moskitos, die uns nur nachts plagten oder wenn wir tagsüber still am Ufer saßen. An zweiter Stelle Kriebelmücken *(Simulium molestum)*, die uns mehr oder weniger tagsüber auf den Portagen und manchmal an schmaleren Stellen des Flusses peinigten. Drittens Elchbremsen, dicke braune Insekten, die der Pferdebremse sehr ähnlich waren. Sie können, laut Polis, flink stechen, aber auch leicht gemieden oder getötet werden. Viertens die „no-see-ems“ oder Gnitzen. Unter all diesen machten mir nur die Moskitos richtig zu schaffen, doch weil ich mit einer Tinktur und einem Schleier ausgerüstet war, hinterließen sie keinen tieferen Eindruck.

Der Indianer wollte unsere Tinktur nicht verwenden, um sein Gesicht und seine Hände zu schützen, da er befürchtete, sie könne seiner Haut schaden, und er hatte auch keinen Schleier. Darum litt er während dieser ganzen Reise mehr unter den Insekten als mein Gefährte und ich. Er band immer wieder sein Taschentuch vor sein Gesicht oder barg dieses in seiner Decke, und nun legte er sich schließlich auf den Sand zwischen uns und dem Feuer, wegen des Rauchs, den er unter seine Decke und um sein Gesicht zu fächeln versuchte. Zum selben Zweck zündete er seine Pfeife an und blies den Rauch unter seine Decke.

Mitten in der Nacht hörten wir von weither übers Wasser laut und deutlich den Ruf des Seetauchers. Es ist ein sehr wilder Ton, der sich sehr von einer Vogelstimme unterscheidet und ziemlich gut zu dem Ort und den Bedingungen des Reisenden passt. Ich könnte stundenlang wach liegen und ihm lauschen, so aufregend klingt er. Wenn man in einer Wildnis wie dieser sein Lager aufschlägt, rechnet man damit, Rufe einiger ihrer Bewohner zu vernehmen, die ihrer Wildheit eine Stimme verleihen. Man hat natürlich eine Vorstellung von Bären, Wölfen oder Panthern im Kopf, und wenn man diese Rufe zum ersten Mal um Mitternacht aus weiter Ferne hört, während man mit dem Ohr nah am Boden daliegt, meint man, dass es sich um ein Wolfsrudel handelt, das den Mond anheult oder vielleicht einem Elch nachhetzt – wenn der Wald rundum vollkommen still ist, hält man es für selbstverständlich, dass es die Stimme eines Wolfs oder eines anderen wilden Tieres sein muss. Es ist der unfehlbare und typische Klang dieser Seen.

Einige Freunde von mir, die vor zwei Jahren den Caucomgomoc hinauffuhren, wurden von Wölfen angeheult, als sie um Mitternacht auf Elchjagd gingen. Es war ein plötzlicher Ausbruch, als ob hundert Dämonen entfesselt worden wären – ein wirklich erschreckender Lärm, der einem die Haare zu Berge stehen ließ – plötzlich war alles wieder still. Es dauerte nur einen Moment, und man hätte meinen können, es seien zwanzig Wölfe gewesen, obwohl es wahrscheinlich nur zwei oder drei waren. Meine Freunde hatten es nur zweimal gehört und sagten, es habe der Wildnis jenen Ausdruck verliehen, der ihr vorher gefehlt hatte. Ich hörte von einigen Männern, die in diesen Wäldern kürzlich einen Elch häuteten und durch ein Wolfsrudel vertrieben wurden, das den Kadaver auffraß.

Der Ruf des Seetauchers – ich meine nicht sein Gelächter, sondern seinen ureigensten Schrei – ist ein langgezogener Ton, der in meinen Ohren zuweilen einzigartig menschlich klingt – *huu-huu-uuuu* –, wie ein Mann, der mit sehr hoher Stimme und aus voller Kehle „Hallo“ schreit. Ich habe genau denselben Ton gehört, als ich halb wach um zehn Uhr nachts heftig durch die Nasenlöcher atmete, was wohl auf meine Verwandtschaft mit dem Seetaucher hinweist – als sei seine Sprache letztlich nur ein Dialekt der meinen. Als ich früher in diesen Wäldern um Mitternacht wach lag, hatte ich gelauscht, um ein paar Wörter oder Silben in der lokalen Sprache zu hören, doch hatte ich kein Glück damit, ehe ich den Ruf des Seetauchers vernahm. Gelegentlich hatte ich ihn auf den Seen meiner Heimatstadt gehört, doch dort wird seine Wildheit nicht durch die Umgebung verstärkt.

Um Mitternacht wurde ich von einem schweren, niedrig fliegenden Vogel, wahrscheinlich von einem Seetaucher, geweckt, der knapp über meinem Haupt am Ufer entlangflatterte. So drehte ich die andere Seite meines halb nackten Körpers dem Feuer zu und versuchte wieder einzuschlafen.

VI
Dienstag, 28. Juli

Als wir erwachten, fanden wir dicke Tautropfen auf unseren Decken. Ich lag sehr früh wach und lauschte dem klaren, schrillen *ah, te te, te te, te* der Weißkehlammer, das sie in kurzen Intervallen, ohne die geringste Variation, eine halbe Stunde lang wiederholte, als ob sie ihr Glück nicht deutlich genug verkünden könnte.

An jenem Morgen wuschen wir noch einmal unsere Sachen, und als unsere Kleidungsstücke an abgestorbenen Bäumen und Felsen hingen, sah das Ufer aus wie zu Hause am Waschtag. Der Indianer verstand den Wink, borgte sich die Seife, watete in den See, wusch sein einziges Baumwollhemd, während er es am Leib trug, und ließ es dann am Körper trocknen, nachdem er seine Hosen angezogen hatte.

Ich bemerkte, dass er ein Baumwollhemd trug, das ursprünglich weiß gewesen war, darüber ein grünliches Flanellhemd, aber keine Weste, außerdem Flanellunterhosen und feste Leinen- oder Segeltuchhosen, die auch einmal weiß gewesen waren, blaue Wollsocken, Stiefel aus Rindsleder und einen Filzhut oder „Kossuth". Er hatte keine Kleidung zum Wechseln dabei, sondern trug nur eine feste, dicke Jacke, die er im Kanu beiseite legte. Er schnappte eine große Axt, sein Gewehr und Munition, eine Decke, die man, wenn man wollte, als Segel oder Rucksack verwenden konnte, legte seinen Gürtel um, an dem ein großes Messer in der Scheide steckte, und marschierte einfach los, um den ganzen Sommer lang fortzubleiben. Dies machte einen sehr unabhängigen Eindruck – ein paar einfache und effektive Werkzeuge und keine Kautschukkleidung. Er war morgens immer als erster bereit aufzubrechen. Anstatt ein großes Bündel mit eigener Wechselkleidung etc. mitzuschleppen, kehrte er mit dem Kittel des Elchs zurück, den er in seiner Decke einwickelte. Ich merkte, dass diese Ausrüstung das Ergebnis ausgiebiger Erfahrung und im Allgemeinen kaum zu verbessern war, außer durch Waschen und ein Ersatzhemd. Da ihm an seinem ein Knopf fehlte, ging er zu einer Stelle, wo kürzlich Indianer gelagert hatten, und suchte – allerdings vergeblich, glaube ich – nach einem neuen.

Nachdem wir unsere versteiften Schuhe und Stiefel mit dem Rest Schweineschmalz, der für gewöhnlich nach dem Frühstück übrig blieb, eingerieben hatten, überquerten wir den See, wobei wir in einer diagonalen nordöstlichen Richtung ungefähr vier Meilen dem Abfluss zusteuerten. Der indianische Name, *Apmoojenegamook*, bedeutet See, der überquert wird, da der übliche Weg quer darüber und nicht der Länge nach verläuft. Wir hatten nicht die Absicht, den Allegash weit hinabzufahren, sondern wollten lediglich eine Aussicht auf die Seen bekommen, die seine Quelle bilden, und dann auf diesem Weg zum East Branch, dem östlichen Nebenfluss des Penobscot, zurückkehren.

Nachdem wir die Mitte des Sees erreicht hatten, stießen wir auf ziemlich hohe Wellen, und der Indianer warnte meinen Gefährten, der sich neigte, er dürfe nicht im Kanu einschlafen, da es sonst kentern werde, und fügte hinzu, dass Indianer, die in einem

Kanu schlafen wollen, sich gerade auf dem Boden ausstrecken. In unserem überfüllten Boot sei das freilich unmöglich. Er werde ihn jedoch anstupsen, wenn er ihn beim Einnicken ertappe.

Ein Gürtel aus abgestorbenen Bäumen stand rund um den See, einige Stämme standen bis weit ins Wasser hinein, andere lagen dahinter am Boden, und sie machten das Ufer zum Großteil unzugänglich. Dies waren die Auswirkungen des Damms am Abfluss. Auf diese Weise wurde das natürliche Sand- oder Felsufer mit seinem grünen Saum überschwemmt und zerstört. Wir paddelten westwärts, entlang des Nordufers, suchten nach dem Abfluss ungefähr eine Viertelmeile von diesem unwirtlich aussehenden Ufer entfernt, an dem die Wellen sich heftig brachen, wissend, dass er inmitten dieser Zerstörung leicht versteckt oder durch das überschneidende Ufer verborgen werden konnte. Es ist bemerkenswert, wie unmerklich diese wichtigen Zugänge zu einem See angekündigt werden. Über dem bescheidenen Zu- oder Abfluss steht kein Triumphbogen, stattdessen tröpfelt der See an einer unscheinbaren Stelle durch den ununterbrochenen Wald ein oder aus, fast wie durch einen Schwamm.

Wir erreichten den Abfluss nach einer guten Stunde und trugen das Kanu über den dortigen Damm, der ein recht solides Bauwerk war, und ungefähr eine Viertelmeile dahinter stand ein zweiter. Die Folge dieser besonderen Dammbauten rund um den Chamberlain Lake ist, dass die Oberläufe des St. John River dazu gezwungen werden, an Bangor vorbeizufließen. Man hat auf diese Weise all die größeren Seen mit Dämmen verbaut und ihre breiten

Flächen ein paar Meter hoch aufgestaut, sodass die Kräfte der Natur sich gegen sich selbst richten und ihr Überfluss aus dem Land geschwemmt wird. Man flößt aus diesen ungeheuren Wäldern rasch all die besseren und leichter zugänglichen Kiefernstämme hinaus und überlässt es dann den Bären, über die verfaulenden Dämme zu wachen, ohne das Land zu roden oder zu kultivieren, ohne Straßen oder Häuser zu bauen, sondern hinterlässt die Wildnis so, wie man sie vorgefunden hat. An vielen Stellen bleiben nur diese Dämme zurück, wie verlassene Biberbauten. Stellt euch vor, wie viel Land sie überflutet haben, ohne die Natur um Erlaubnis zu bitten.

Die Wildnis erlebt einen plötzlichen Anstieg all ihrer Flüsse und Seen. Sie spürt zehntausend Schädlinge, die an den Fundamenten ihrer edelsten Bäume nagen. Viele arbeiten zusammen, um sie über die Wurzeln der Überlebenden hinweg fortzuschleifen und sie in den nächstgelegenen Fluss zu werfen, bis sie sich, nachdem ihnen die Schönsten zum Opfer gefallen sind, davonmachen, um eine neue Wildnis zu plündern, und alles ist wieder still. Es ist, als ob eine umherziehende Mäusearmee einen Kiefernwald umzingelt. Der Holzfäller fällt Bäume aus demselben Grund, aus dem die Maus an den Stämmen nagt – um zu leben. Ihr wollt mir weismachen, seine Familie sei interessanter als jene der Maus. Das kommt darauf an. Er spricht von einer „Waldung", als sei dies ein gemütliches Plätzchen, um hineinzuschlüpfen, genau wie ein Wurm.

Wenn ein Baumfäller eine Kiefer loben möchte, dann wird er Ihnen erzählen, dass jene, die er gefällt hat, so groß war, dass ein Ochsengespann auf ihrem

Baumstumpf stehen hätte können. Als ob dies der Zweck wäre, für den die Kiefer gewachsen ist – ein Fußschemel für Ochsen. Vor meinem geistigen Auge kann ich diese unbeholfenen zahmen Tiere sehen, die durch ein Joch verbunden sind und als Zeichen ihrer Knechtschaft Messingspitzen an den Hörnern tragen; wie sie sich nacheinander auf den Stumpf jeder riesigen Kiefer im ganzen Wald stellen und wiederkäuen, bis alles nur ein einziges Weideland für Ochsen geworden ist, auf das sie hinauslaufen. Als ob dies gut für die Ochsen wäre und ihnen dabei irgendein heilsames Lüftchen in die Nüstern stiege. Oder dient ihre gehobene Position lediglich als Symbol für die Tatsache, dass das Hirtenleben dem Leben im Wald oder als Jäger folgt?

Das Wesen der Bewunderung des Holzfällers verrät sich durch die Art, wie er sie zum Ausdruck bringt. Wenn er alles aussprechen würde, was ihm durch den Kopf geht, dann würde er sagen: „Der Baum war so groß, dass ich ihn fällte, und dann könnte ein Ochsengespann auf seinem Stumpf stehen." Er bewundert den Stamm, die Ruine oder den Kadaver mehr als den Baum. Also, mein lieber Sir, der Baum hätte auf seinem eigenen Stumpf wesentlich bequemer stehen können als ein Ochsengespann, wenn Sie ihn nicht gefällt hätten.

Der Angloamerikaner kann natürlich diesen ganzen wogenden Wald fällen und roden und auf seinen Stümpfen politische Reden halten, aber er kann nicht mit der Seele des Baums, den er fällt, sprechen, er kann die Poesie und Mythologie nicht lesen, welche sich zurückzieht, während er voranschreitet. Unwissentlich löscht er mythologische

Tafeln, um seine Handzettel und Stadtratsanordnungen darauf zu drucken. Bevor er sein ABC in der schönen, aber mystischen Überlieferung der Wildnis gelernt hat, rodet er sie, errichtet ein „Bezirksschulhaus" und führt Websters Wörterbuch ein.

Hinter dem letzten Damm gingen wir eine gute halbe Meile zu Fuß, um das Kanu zu entlasten, da der Fluss eine heftige Strömung aufwies und nicht tief genug war. Ich machte es mir zur Regel, meinen Rucksack zu tragen, wenn ich zu Fuß war, und ihn an eine Querstange zu binden, wenn ich im Kanu saß, damit er nicht verlorenging, wenn das Kanu umkippte.

Hier hörte ich die Hundstagszikade, ein Geräusch, das ich nur mit offeneren, wenn nicht besiedelten Gegenden assoziierte.

Wir hatten nun den Allegash River erreicht. Nach ungefähr zwei Meilen auf dem Fluss kamen wir auf den Heron Lake, an dessen Einfahrt wir vierzig bis fünfzig junge Brandenten aufscheuchten, die wie gewöhnlich in einer langen Reihe mit großer Geschwindigkeit über das Wasser liefen.

Dieser See ist laut Karte rund zehn Meilen lang. Wir waren an seiner südwestlichen Seite eingelaufen und sahen im Nordosten einen dunklen Berg über dem See aufragen, von dem der Indianer berichtete, er werde Peaked Mountain genannt und von Kundschaftern benutzt, um von dort nach Nutzholz Ausschau zu halten. Die Ufer waren in demselben elenden und hässlichen Zustand wie am vorigen See, überladen mit abgestorbenen umgestürzten und stehenden Bäumen, wegen des Damms unten am Allegash. Einige niedrige Landspitzen oder Inseln waren fast völlig überschwemmt.

Ich sah in einer Meile Entfernung etwas Weißes auf dem Wasser, das sich als große weiße Möwe auf einem Felsen herausstellte, die der Indianer gern getötet und gegessen hätte. Doch sie flog fort, lange bevor wir in ihre Nähe kamen, zusammen mit einem Schwarm Sommerenten, die sich bei ihr rund um den Felsen aufgehalten hatten. Als ich Polis nach Reihern fragte, da es sich um den Heron Lake oder „Reiher-See" handelte, sagte er, er habe die Nester des Blaureihers in den Laubbäumen entdeckt.

Nachdem wir eine Landspitze umrundet hatten, befanden wir uns auf der anderen Seite einer Bucht, gegenüber einer großen Insel, die drei oder vier Meilen weiter unten im See lag. Auf halber Strecke, ungefähr eine Meile vom Ufer entfernt, trafen wir auf Eintagsfliegen, die offensichtlich den ganzen See überqueren. Auf dem Moosehead Lake hatte ich eine halbe Meile vom Ufer entfernt eine große Libelle gesehen, die von der Mitte des Sees kam, wo er mindestens drei oder vier Meilen breit ist. Wahrscheinlich war sie von der anderen Seite herübergeflogen.

Wir landeten rechtzeitig für ein frühes Mittagessen an der südöstlichen Seite der Insel, die ziemlich hoch aufragt, dicht bewaldet ist und ein felsiges Ufer aufweist. Jemand hatte hier vor Kurzem sein Lager aufgeschlagen und den Rahmen zurückgelassen, auf dem er eine Elchhaut gespannt hatte. Der Indianer begann sofort, eine Kanubirke zu fällen, lehnte sie gegen einen anderen Baum am Ufer, band sie mit einem biegsamen Weidenzweig fest und legte sich hin, um in ihrem Schatten zu schlafen. Diese Insel sollte die letzte Station unserer Exkursion in diese Richtung sein.

Der nächste Damm lag rund fünfzehn Meilen weiter nördlich auf dem Allegash. In Bangor hatte man uns von einem Mann erzählt, der allein wie eine Art Einsiedler am Damm lebte, um ihn instand zu halten, und der seine Zeit damit verbrachte, eine Patrone von einer Hand in die andere zu werfen, da er sonst nichts zu tun hatte. Dieser wechselseitige Austausch zwischen seinen beiden Händen, das Hin- und Herwerfen einer Bleikugel, scheint ihm als symbolischer Ersatz für Gesellschaft gedient zu haben.

In Richtung der nördlichen Spitze des Sees konnte man eine weitere Insel mit einer Lichtung auf einer Anhöhe sehen, doch wir erfuhren später, dass sie unbewohnt war und nur als Weidegrund für Vieh diente, das in diesen Wäldern den Sommer verbrachte. Dieser unnatürliche, glattgemähte, rechteckige Fleck inmitten des ansonsten ununterbrochenen Waldes erinnerte uns nur daran, wie menschenleer die Gegend war. Man rechnete eher damit, auf einer solchen Lichtung auf einen Bären zu treffen als auf Ochsen. Jedenfalls muss es eine Überraschung für die Bären gewesen sein, als sie ihnen begegneten. Dergleichen erkennt man aus der Nähe oder aus der Ferne sofort als Menschenwerk, da die Natur so etwas niemals hervorbringt. Um das Licht bis auf den Boden vordringen zu lassen, rodet der Mensch den Wald an den Berghängen und auf den Ebenen, sät wie ein Zauberer feine Grassamen und bedeckt die Erde so mit einem robusten Rasen.

Polis war offenkundig neugieriger auf die wenigen Siedler in diesen Wäldern als wir. Wenn nichts gesagt wurde, hielt er es für selbstverständlich, dass wir geradewegs zur nächsten Blockhütte gehen wollten.

Da er bemerkt hatte, dass wir an den Blockhütten bei Chesuncook und jener des blinden Kanadiers an der Portage nach Mud Pond vorbeigezogen waren, ohne anzuhalten und mit den Bewohnern zu reden, hielt er es nun für angebracht, zu erwähnen, dass man sich üblicherweise den Häusern nähert und den Bewohnern berichtet, was man gesehen oder gehört hat, wonach sie ihre Beobachtungen zum Besten geben würden. Wir aber lachten und sagten, wir hätten momentan genug von Häusern und seien teils deswegen hierhergekommen, um sie zu meiden.

Mittlerweile hatte der Wind aufgefrischt, die Birke des Indianers umgeweht und den See derart aufgewühlt, dass wir auf der Insel festsaßen, die eine gute Meile vom nächsten Ufer entfernt war. Wir zogen das Kanu an Land, damit es nicht abtrieb. Es schien so, als würden wir dazu gezwungen sein, den Rest des Tages und die Nacht hier zu verbringen. Auf jeden Fall setzte der Indianer sein Nickerchen fort, mein Gefährte beschäftigte sich damit, seine Pflanzen zu trocknen, und ich schlenderte nach Westen, dem Ufer entlang, das ziemlich steinig und über zwanzig bis fünfundzwanzig Meter mit gebleichten umgestürzten oder angeschwemmten Bäumen verbarrikadiert war.

Unser Indianer meinte, er sei Arzt und könne mir zu jeder Pflanze, die ich ihm zeige, eine medizinische Anwendung nennen. Sofort stellte ich ihn auf die Probe. Er sagte, die innere Rinde der Espe sei gut für entzündete Augen, und dergleichen mehr über andere Pflanzen, womit er bewies, dass er nicht gelogen hatte. Nach seinem Bericht konnte er solches Wissen in seiner Jugend von einem weisen alten Indianer erwerben, dem er sich angeschlossen hatte, und er klagte darüber, dass die heutige Generation der Indianer „sehr viel verloren habe".

Er sagte, das Karibu sei ein „sehr schneller Läufer", doch gebe es an diesem See nun keine mehr, obwohl früher viele hier gelebt hätten, und er deutete auf den Gürtel abgestorbener Bäume, der von den Dämmen verursacht worden war, und fügte hinzu: „Sie mögum kein Baumstumpf. Haben Angst, wenn sie sehen."

In südöstliche Richtung über den See und die fernen Wälder deutend, bemerkte er: „Ich gehen Oldtown in drei Tagen."

Ich fragte ihn, wie er die Sümpfe und umgestürzten Bäume überwinden würde. „Oh", sagte er, „in Winter alles bedeckt, geh überallhin auf Schneeschuhen, geradewegs über die Seen."

Welch ein Marsch durch die Wildnis für einen einsamen Mann! Keiner von euren Halbe-Meile-Sümpfen, keiner von euren Wäldern, die sich nur über eine Meile erstrecken, wie an unseren Stadträndern, keine Hotels, nur ein dunkler Berg oder ein See als Wegweiser und Rastplatz, und ein Gelände, das im Sommer zum Großteil unpassierbar ist!

Hier war das Reisen über das unveränderte Angesicht der Natur noch wie eine Heldentat aus alter Zeit. Vom Allegash River über den großen Apmoojenegamook folgt der Indianer seinem Weg, unter den von Bären heimgesuchten Hängen des Katahdin nach Pamadumcook und zu den Binnenmeeren von Millinocket und weiter zu den Gabelungen des Nicketow, wobei er mit den Fellen, die er trägt, ständig die Zweige der Tannen und Fichten beiseite drückt, Tag und Nacht, Nacht und Tag mit dem zottigen Dämon der Pflanzenwelt kämpfend, über den moosbedeckten Friedhof der Bäume wandernd. Oder er könnte an jenem „rauen Zahn des Meeres", am Kineo, vorbeigehen, der großen Quelle von Pfeilen und Speeren der Alten, als man noch Steinwaffen verwendete. Er würde Elche, Karibus, Bären, Stachelschweine, Luchse, Wölfe und Panther sehen. Er würde Orte aufsuchen, wo er leben und sterben könnte, ohne je von den Vereinigten Staaten zu hören, die solch einen Lärm in der Welt machen – ohne je von Amerika zu hören.

Es gibt eine Holzfällerstraße namens Eagle Lake Road, die vom Seebois zum Ostufer dieses Sees führt. Es mag seltsam erscheinen, dass irgendeine Straße in solch einer Wildnis passierbar ist, sogar im Winter, doch in jener Jahreszeit ziehen die Gespanne ständig über die einzige Spur, wann immer Holzfällerarbeiten durchgeführt werden, sodass sie fast so glatt wird wie ein Schienenstrang. Man sagte mir, dass die Schlitten im Aroostook Country eine gesetzlich vorgeschriebene einheitliche Breite von vier Fuß, also hundertzwanzig Zentimeter haben und an die Spur angepasst werden müssen, damit eine Kufe in einer Spur laufen kann und die andere Kufe auf dem Pferdeweg. Doch ist es sehr ungünstig, wenn man ausweichen muss.

Wir hatten seit einiger Zeit ein Gewitter vom Westen her über den Wäldern der Insel aufziehen gesehen und das Donnergrollen gehört, obwohl wir daran zweifelten, ob es bis zu uns kommen würde. Doch als es rasch dunkler wurde und eine frische Brise durch den Wald zu rauschen begann, packten wir hastig die Pflanzen ein, die wir getrocknet hatten, stürzten uns wie ein Mann auf das Zeltmaterial und machten uns daran, es aufzuschlagen. Ein Platz wurde ausgesucht, Stangen und Pflöcke wurden so schnell wie möglich geschnitten, und wir befestigten das Zelt am Boden, damit es nicht fortgeweht wurde, wenn das Gewitter plötzlich über uns hereinbrach.

Wie wir zusammengedrängt mit unserem Gepäck zu unseren Füßen unter dem Zeltdach lagen, das an den Rändern beträchtlich leckte, hörten wir einige der gewaltigsten Donnerschläge, die ich je vernommen habe – eine rasche Folge von Schlägen, kräftig und dumpf, dong, dong, dong, wie Artillerie von einer Himmelsfestung, und die Blitze leuchteten entsprechend hell. Der Indianer sagte: „Muss gutes Schießpulver sein." All dies zu unserem und des Elches Wohl, wobei das Echo weit über die verborgenen Seen hallte. Ich dachte, dies müsse ein Ort sein, der vom Donner geliebt wurde, wo der Blitz seine Übungen machte, um in Form zu bleiben, und dass es nicht schadete, wenn ein paar Kiefern zerschmettert wurden.

Beim Hinausschauen merkte ich, dass der heftige Schauer, der auf den See niedergegangen war, fast sofort die Wellen geglättet hatte, und als es aufklarte, beschlossen wir, sofort aufzubrechen, bevor der Wind sie wieder aufwühlte.

Als wir das Zelt verließen, sagte ich, dass ich immer noch Wolken im Südwesten sehe und Donner aus dieser Richtung höre. Wir ließen das Kanu dennoch zu Wasser und paddelten rasch zurück zu den Dämmen.

Am Abfluss von Chamberlain Lake wurden wir

von einem weiteren stürmischen Gewitter eingeholt, das uns zwang, Unterschlupf zu suchen – der Indianer unter seinem Kanu am Ufer und wir unter dem Rand des Damms. Uns wurde jedoch eher Angst eingejagt als dass wir nass wurden. Aus meiner Deckung konnte ich den Indianer von unter seinem Kanu hervorlugen sehen, um zu prüfen, was aus dem Regen geworden war. Als wir so unsere jeweiligen Plätze zwei- oder dreimal eingenommen hatten und es immer noch nicht ernsthaft zu regnen beginnen wollte, fingen wir an, durch die Gegend zu schlendern, denn der Wind hatte inzwischen so hohe Wellen auf dem See erzeugt, dass wir nicht steuern konnten und befürchteten, hier unser Lager aufschlagen zu müssen. Wir bekamen ein frühes Abendbrot auf dem Damm und warfen versuchsweise die Angelschnüre aus, während wir auf das Ende des Unwetters warteten. Die Fische waren nicht nur rar, sondern auch klein und wertlos.

Schließlich brachen wir kurz vor Sonnenuntergang noch einmal auf. Es war ein wilder Abend, als wir das Nordufer des Apmoojenegamook Lake hinauffuhren. Ein Gewittersturm war eben vorbeigezogen, und die Wellen, die er aufgewühlt hatte, wogten immer noch heftig, während man nun im Südwesten, weit hinter uns über dem See, einen weiteren Sturm aufkommen sah. Doch am nächsten Morgen wäre das Wetter vielleicht noch schlechter gewesen, und wir wollten auf unserem Weg so weit wie möglich vorankommen, solange wir konnten.

Der Wind blies heftig gegen das Ufer, das so trost- und hafenlos war, wie man es sich kaum vorstellen kann. Auf einem dreißig Meter breiten Band war es ein Labyrinth aus überschwemmten Bäumen, allesamt abgestorben, kahl und ausgebleicht, einige halb so hoch aufragend wie ursprünglich, andere niedergeworfen, kreuz und quer über und unter der Wasseroberfläche liegend, während sich zwischen ihnen lose Bäume, Stämme und Stümpfe angesammelt hatten, die von den Wellen herumgestoßen wurden. Auch wenn wir gewollt hätten, hätten wir nicht an Land gehen können, ohne uns dem Risiko auszusetzen, das Kanu zu versenken. Sosehr es auch stürmte, wir mussten weiter dem Ufer folgen. Nun dämmerte es auch schon, und jene Gewitterwolke zog rasch hinter uns auf. Es war auf vergnügliche Weise aufregend, doch waren wir froh, schließlich das gelichtete Ufer der Chamberlain Farm zu erreichen.

Wir stiegen an einer niedrigen und spärlich bewaldeten Landspitze aus dem Kanu, und während meine Gefährten das Zelt aufschlugen, lief ich zum Haus hinauf, um Zucker zu besorgen, da unsere sechs Pfund aufgebraucht waren. Kein Wunder, denn Polis war ein Schleckermaul. Er füllte seinen Becher immer erst zu einem Drittel mit Zucker, bevor er den Kaffee dazugab. Hier erstreckte sich eine Lichtung mit einigen dunkelfarbenen Blockhäusern und einem Lagerhaus vom See bis zu einer Hügelkuppe, und ein halbes Dutzend Männer, die nach Neuigkeiten lechzten, stand vor dem Hauptgebäude. Unter ihnen war der Mann, der den Damm auf dem Allegash beaufsichtigte und die Patrone hin und her warf. Da er für die Dämme verantwortlich war und erfahren hatte, dass wir am folgenden Tag zum Webster Stream aufbrechen wollten, erzählte er mir, einige der Männer, die am Telos Lake Heu machen, hätten den Damm am dortigen Kanal geschlossen, um Forellen zu fangen, und falls wir mehr Wasser benötigten, um durch den Kanal fahren zu können, könnten wir die Schleuse öffnen.

Sie schlossen das Lagerhaus auf, um braunen Zucker zu holen, wollten aber nicht mehr als vier Pfund entbehren, da sie nur wenig davon für derlei Fälle aufbewahrten. Sie verlangten zwanzig Cent pro Pfund, wofür es sich sicher gelohnt hat, ihn hierher zu transportieren.

Als ich zum Ufer zurückkehrte, war es ziemlich dunkel geworden, aber wir hatten ein aufmunterndes Feuer, um uns zu wärmen und zu trocknen, und dahinter einen gemütlichen Schlafplatz. Der Indianer ging zum Haus hinauf, um sich nach einem Bruder zu erkundigen, der vor ein oder zwei Jahren nicht von der Jagd zurückgekehrt ist, und während es erneut zu regnen begann, tappte ich herum und schnitt Tannen- und Lebensbaumzweige für ein Bett. Ich bevorzugte den Lebensbaum, wegen seines Duftes, und häufte seine Zweige auf den Schultern besonders hoch auf. Es ist bemerkenswert, mit welch reiner Befriedigung der Reisende in diesen Wäldern an einem so stürmischen Abend wie diesem seinen Lagerplatz aufsucht, als sei er in seinem Gasthaus angekommen. Wie er sich in seine Decke einrollt und sich unter einem dünnen Dach aus Baumwolle auf seinem hundertachtzig mal sechzig Zentimeter großen Bett aus tropfnassen Fichtenzweigen so gemütlich wie eine Feldmaus in ihrem Nest ausstreckt. Unsere besten Nächte waren unweigerlich jene, in denen es regnete, denn dann wurden wir nicht von Moskitos gepeinigt.

Bei solchen Ausflügen gewöhnt man sich rasch daran, den Regen zu ignorieren, zumindest im Sommer, da man sich leicht trocknen kann, auch wenn man keine trockenen Kleider zum Wechseln dabei hat. Man wird an einem Feuer, das man im Wald anzündet, viel schneller trocken als am Herd irgendeiner Küche, denn die Feuerstelle ist viel größer und es gibt viel mehr Brennholz. Ein Zelt in Form eines Schuppens fängt und reflektiert die Hitze, sodass man im Schlaf trocken werden kann.

In der Stadt kann ein undichtes Dach, durch das es tropft, am Einschlafen hindern, wir aber wurden bald von einem gleichmäßigen Regenguss, der die ganze Nacht über andauerte, eingelullt.

VII
Mittwoch, 29. Juli

Als wir erwachten, hatte es aufgehört zu regnen, obwohl es immer noch bewölkt war. Das Feuer war erloschen, und die Stiefel des Indianers, die unter den Vorsprüngen des Zelts standen, waren halb voll Wasser. Er verhielt sich in derlei Hinsicht viel leichtsinniger als mein Gefährte und ich und musste uns dafür danken, sein Schießpulver trocken gehalten zu haben. Wir beschlossen, den See noch vor dem Frühstück zu überqueren, und bevor wir aufbrachen, peilte ich die Lage des rund drei Meilen entfernten Ufers, das wir erreichen wollten, für den Fall, dass es von einem plötzlichen Nieselregen verborgen wurde, während wir erst die halbe Strecke zurückgelegt hätten.

Obwohl in der Bucht, in der wir uns befanden, das Wasser ruhig und glatt war, herrschte weiter draußen bereits ein zünftiger Wellengang, aber kein gefährlicher oder unangenehmer. Wenn man in einem Kanu wie diesem auf einen der Seen hinausfährt, vergisst man trotzdem nicht, dass man ganz und gar der Gnade des Windes ausgeliefert ist, und diese Macht ist eine launische. Die verspielten Wellen können in ihrem Übermut jederzeit zu heftig werden und das Kanu überfluten. Nachdem wir ausgiebig gleichmäßig gepaddelt hatten und über die dunklen Wellen getanzt waren, befanden wir uns in der Nähe des Südufers. Wir frühstückten auf einer felsigen Landspitze, an der ersten geeigneten Stelle, die sich anbot.

Es erwies sich als vollkommen richtige Entscheidung, den See so früh überquert zu haben, denn die Wellen schlugen inzwischen recht hoch, doch jenseits dieser Landspitze hatten wir vergleichsweise glattes Wasser.

Mein Gefährte und ich, die wir über eine Frage der Altertumsgeschichte diskutierten, amüsierten uns über die Haltung, die der Indianer einnahm, der nicht verstehen konnte, über was wir sprachen. Er übernahm die Rolle des Schiedsrichters, und indem er nach unseren Mienen und Gesten urteilte, bemerkte er dann und wann in überaus ernstem Ton: „Sie gewinnen", oder „Er gewinnen."

Beim Verlassen einer weiten Bucht zu unserer Linken kamen wir über eine kurze Wasserstraße auf einen kleinen See, der sich über ein paar Meilen erstreckte, und von dort aus erreichten wir den Telos Lake. Dieser machte eine Kurve in nordöstliche Richtung und war auf unserer Strecke vielleicht drei oder vier Meilen lang.

Der Ausgang vom See in den East Branch, den östlichen Nebenfluss des Penobscot, ist ein künstlicher, und es war nicht gut zu erkennen, wo genau er sich befindet, doch der See biegt sich weit nach Nordosten in zwei kleine Täler oder Schluchten, so als würde er sich viel Zeit nehmen, seinen Weg zu den Wassern des Penobscot zu ertasten. Indem wir beobachteten, wo der Horizont am niedrigsten ist, und dem längeren Tal folgten, erreichten wir, nachdem wir vom letzten Lager rund ein Dutzend Meilen zurückgelegt hatten, schließlich den Damm. Jemand hatte eine Angelschnur für Forellen zurückgelassen und daneben auf dem Damm das Klappmesser, mit dem der Köder geschnitten worden war, außerdem einen Laib Brot auf einem Baumstamm in der Nähe. Dies alles erwies sich als Eigentum eines einsamen Jägers, den wir bald trafen, und dessen Kanu, Gewehr und Fallen nicht weit entfernt lagen. Er erzählte uns, dass das untere Ende des Grand Lake zwanzig Meilen entfernt sei, und das erste Haus jenseits davon, am East Branch, das einem gewissen Hunt gehöre, läge nochmals rund fünfundvierzig Meilen weiter.

Für diesen Jäger, der ein recht kleiner braungebrannter Mann war und der sein Kanu bereits über den Damm getragen hatte, gab es nichts Interessanteres und Wichtigeres zu tun, als unseren Übergang zu beobachten. Er war seit einem Monat oder länger allein hier draußen. Um wie viel anständiger ist das Leben des einsamen Pioniers in diesen oder anderen Wäldern – des Siedlers, der mit wirklichen Schwierigkeiten ringt, die er sich nicht selbst eingebrockt hat, und der sein tägliches Brot direkt aus der Natur bezieht – im Unterschied zum Leben der hilflosen Scharen in den Städten, die davon abhängig sind, die überaus unnatürlichen Bedürfnisse der Gesellschaft zu befriedigen, und die in schlechten Zeiten ihre Arbeitsplätze verlieren!

Telos Lake, der auf dieser Seite das obere Ende des St. John River bildet, und Webster Pond, das obere Ende des East Branch, des östlichen Nebenflusses des Penobscot, sind nur eine gute Meile voneinander entfernt und durch eine Schlucht verbunden, in der man nur ein wenig graben musste, um das Wasser des erstgenannten, höher gelegenen Sees in den anderen fließen zu lassen. Dieser Kanal ist etwas weniger als eine Meile lang und rund zwanzig Meter breit. Die Strömung hat den Kanal derart verändert, dass er nun wie ein sehr schnell strömender Bergfluss aussieht, der durch eine Schlucht fließt, und man würde nicht vermuten, dass an dieser Stelle Grabungen nötig waren, um die Wasser des St. John zu überreden, in den Penobscot zu fließen. Das Tal ist so gewunden, dass man nicht weit hineinsehen konnte.

Es ist erstaunlich, wie viele Wasserwege es in diesem Land gibt. Wenn man über einen See paddelt, geraten Buchten in Sichtweite, über die man direkt oder vielleicht auch über einen darin mündenden Nebenfluss, über eine Portage oder zu bestimmten Jahreszeiten auch ohne an Land gehen zu müssen, in einen anderen Fluss gelangen kann, der weit entfernt von demjenigen, auf dem man ursprünglich unterwegs war, wieder im See mündet. Im Allgemeinen kann man mit einem Kanu in jede Richtung fahren, wenn man häufige, aber nicht übermäßig lange Portagen in Kauf nimmt. Es scheint, als ob die jugendlicheren und leichter beeinflussbaren Ströme den zahlreichen Einladungen und Versuchungen kaum widerstehen können, ihr heimisches Bett zu verlassen und in den Kanälen ihrer Nachbarn zu fließen.

Überall, wo ein Wasserkanal existiert, gibt es eine Straße für ein Kanu. Man sagt, einige westamerikanische Dampfer könnten auf starkem Tau fahren – da kann man sich vorstellen, was ein Kanu zu leisten vermag.

Der sogenannte Kanal war ein recht großer, sehr schnell fließender und felsiger Fluss. Der Indianer entschied, dass darin auch ohne Öffnen des Damms, das die Strömung nur heftiger machen würde, genug Wasser floss, und wollte allein hinabfahren, während wir den größeren Teil des Gepäcks tragen sollten. Da unser Proviant halb verbraucht war, wurde umso weniger im Kanu zurückgelassen. Wir hatten das Schweinefleischfässchen weggeworfen und den Inhalt in Birkenrinde gewickelt.

Wir folgten dem feuchten Pfad durch den Wald und erreichten das obere Ende von Webster Pond fast gleichzeitig mit dem Indianer, da trotz der Geschwindigkeit, mit der er sich fortbewegte, unser Weg der direktere war. Der Weiher war zwei oder drei Meilen lang.

Am Abfluss befand sich ein weiterer Damm, an dem wir Halt machten und Himbeeren pflückten, während der Indianer eine halbe Meile durch den Wald stromabwärts fuhr, um zu sehen, gegen welche Bedingungen er würde ankämpfen müssen. Dort stand eine verlassene Blockhütte, die offensichtlich im vergangenen Winter benutzt worden war, mit ihrem „Schuppen" oder ihrer Scheune für das Vieh. In der Hütte war ein großes Bett aus Fichtenzweigen, die einen halben Meter hoch am Boden aufgetürmt lagen und einen Großteil des einzigen Zimmers in Beschlag nahmen, an der Wand stand ein langer schmaler Tisch, davor eine robuste Holzbank, und über dem Tisch befand sich ein kleines Fenster, das einzige, das schwaches Licht hereinließ. Es war ein schlichtes und starkes Bollwerk gegen die Kälte.

Wir aßen am Ufer, an der oberen Seite des Damms zu Mittag. Als wir an unserem Feuer saßen, das vom Erdwall des Damms verborgen wurde, watschelte eine lange Reihe halb ausgewachsener Brandenten vom tief gelegenen Wasser darüber hinweg und im Abstand von ungefähr fünf Metern an uns vorbei, sodass wir sie fast mit den Händen hätten fangen können. Sie waren auf allen Flüssen und Seen, die wir besuchten, sehr zahlreich, und alle zwei oder drei Stunden pflegten sie in einer langen Kette vor uns über dem Wasser fortzueilen, zwanzig bis fünfzig von ihnen auf einmal, selten wirklich auffliegend, sondern mit großer Geschwindigkeit stromaufwärts oder -abwärts laufend, sogar inmitten der heftigsten Stromschnellen und offenkundig in beide Richtungen gleich schnell.

Ein Indianer in Oldtown hatte uns erzählt, dass wir gezwungen sein würden, das Kanu auf zehn Meilen zwischen Telos Lake am St. John und dem Second Lake am östlichen Nebenfluss des Penobscot zu tragen, doch die Holzfäller, die wir trafen, versicherten uns, dass es eine Portage gibt, die nicht länger als eine Meile ist. Es stellte sich heraus, dass der Indianer der Wahrheit näher gekommen war, zumindest in unserem Fall. Wenn einer von uns Polis irgendwie hätte helfen können, das Kanu durch die Stromschnellen zu steuern, hätten wir den Großteil des Wegs auf diese Art zurücklegen können. Da er sich jedoch an solchen Stellen allein um das Kanu kümmern musste, waren wir gezwungen, den größten Teil der Strecke zu Fuß zu gehen.

Mein Gefährte und ich trugen einen guten Teil des Gepäcks auf den Schultern, während der Indianer den Teil, der am wenigsten durch die Nässe beschädigt werden konnte, im Kanu transportierte. Wir wussten nicht, wann wir ihn wiedersehen würden, denn er hatte diesen Weg nicht genommen, seit der

Kanal gegraben worden war. Er versprach, Halt zu machen, wenn er auf ruhiges Wasser treffe, heraufzukommen und falls möglich unseren Weg zu finden und nach uns zu rufen, um nach einer vernünftigen Zeitspanne weiterzufahren und es später erneut zu versuchen – und wir sollten auf dieselbe Weise nach ihm Ausschau halten.

Wie gewöhnlich begann er die Fahrt, indem er aufrecht stehend in seinem schwankenden Kanu durch den Schleusenkanal und den Damm steuerte, und bald geriet er hinter einer Landspitze in einer wilden Felsschlucht außer Sicht. Dieser Webster Stream ist bei den Holzflößern als schwieriger Fluss wohlbekannt. Er fließt sehr schnell, ist felsig und auch seicht, so dass man ihn kaum als befahrbar bezeichnen kann, es sei denn, man versteht darunter die Garantie, dass alles, was man der Strömung anvertraut, rasch flussabwärts transportiert wird, auch wenn es unterwegs in Stücke zerfetzt werden kann. Es ist ein wenig so wie wenn man auf einem Wasserstrahl reitet. Während man im Allgemeinen von einer unwiderstehlichen Kraft angetrieben wird, muss man jeden Moment seinen Kurs zwischen den Felsen und Untiefen festlegen und hineinsteuern, wobei man sich stets mit größtmöglicher Vorsicht vorwärtsbewegen und, wenn möglich, oft Halt machen muss, um die vorausliegenden Stromschnellen zu inspizieren.

Wir gingen einen alten Pfad an der Südseite entlang, den der Indianer uns gezeigt hatte und der anscheinend flussabwärts führte. Es war ein wilder Waldweg, mit ein paar Spuren von Ochsen, die hier wahrscheinlich zum Weiden auf irgendeiner alten

Lichtung durchgetrieben worden waren, vermischt mit Spuren von Elchen, die ihn kürzlich benutzt hatten. Wir gingen ungefähr eine Stunde lang stetig weiter, ohne unser Gepäck abzusetzen, umrundeten gelegentlich einen umgestürzten Baum oder kletterten darüber, die meiste Zeit außer Sicht- und Hörweite des Flusses, bis wir nach rund drei Meilen erfreut feststellten, dass der Pfad an einem alten Lagerplatz wieder auf den Fluss stieß, wo es eine kleine Lichtung im Wald gab, auf der wir rasteten.

Obwohl der seichte und felsige Fluss an dieser Stelle eine heftige Strömung aufwies und einer einzigen Stromschnelle mit tanzenden Wellen glich, sah ich, als ich am Ufer saß, eine lange Kette von Brandenten, die durch irgendetwas aufgescheucht worden waren, mir gegenüber stromaufwärts laufen, wobei sie lediglich die Oberfläche der Wellen berührten und sich an ihnen abstießen, während diese unter ihnen dahinflossen. Sie kehrten jedoch bald zurück, vom Indianer getrieben, der wegen der Biegungen ein wenig hinter uns zurückgefallen war. Er sauste gerade flussabwärts um eine Landspitze herum und kam mit reichlich Wasser in seinem Kanu bei uns an Land. Er habe feststellen müssen, sagte er, dass „Wasser sehr stark", und sei bereits einmal gezwungen gewesen zu landen, um auszuleeren, was das Kanu aufgenommen hatte.

Er beklagte sich, wie anstrengend es sei, so kräftig zu paddeln, um sein Kanu auf Kurs zu halten, da er niemand am Bug habe, der ihn unterstütze, und obwohl der Fluss seicht ist, sei es kein Spaß, hier zu kentern, denn die Kraft der Strömung sei so stark, dass er lieber von mir eins mit dem Paddel auf den

Schädel bekäme als vom Wasser getroffen zu werden. Zu sehen, wie er aus der Schlucht herauskam, glich dem Anblick, wenn man Wasser eine Zickzackrinne hinablaufen lässt, eine Nussschale hineinwirft und rasch ans untere Ende eilt, um rechtzeitig da zu sein, wenn sie unten ankommt – mit der richtigen Seite nach oben und nur zum Teil mit Wasser gefüllt, obwohl sie beim Hinabsausen kräftig durchgerüttelt wurde.

Nach einer kurzen Verschnaufpause, während der ich sein Kanu festhielt, war Polis bald an der nächsten Kurve wieder außer Sicht, und wir schulterten unser Gepäck, um uns erneut auf den Weg zu machen.

Bevor wir eine Meile marschiert waren, hörten wir den Indianer uns rufen. Er war durch die Wälder hinauf und den Pfad entlang gegangen, um uns zu finden, da er ausreichend glattes Wasser erreicht hatte, um zu gewährleisten, dass er uns mitnehmen kkonnte. Das Ufer lag ungefähr eine Viertelmeile entfernt, hinter einem dichten, dunklen Wald, und als er uns dorthin zurückführte, wobei er sich rasch abwechselnd nach links und rechts wandte, betrachtete ich aufmerksam den Boden und merkte, dass er seinen eigenen Fußspuren zurück folgte. Ich konnte nur gelegentlich seine Spuren im Moos ausmachen, und doch schien er weder nach unten zu blicken noch einen Augenblick zu zögern, sondern führte uns direkt zu seinem Kanu. Dies erstaunte mich, denn ohne einen Kompass, den Anblick oder das Geräusch des Flusses, um uns den richtigen Weg zu weisen, hätten wir nicht lange auf Kurs bleiben können und unsere Schritte nur auf einer kurzen Strecke, unter großen Schwierigkeiten, sehr langsam und mit umständlichen Beobachtungen zurück verfolgen können. Doch es war offensichtlich, dass er zu jeder Stelle, die er tagsüber aufgesucht hatte, seinen Weg zurück durch den Wald finden konnte.

Nach diesem anstrengenden Spaziergang durch die dunklen Wälder war es eine nette Abwechslung, erneut den schnell fließenden Fluss im Kanu hinabzugleiten. Der Fluss hatte zwar immer noch eine heftige Strömung, war aber an dieser Stelle vollkommen glatt und zeigte auf einer Strecke von mehreren Meilen eine sehr deutliche Neigung, eine gleichmäßig abschüssige Ebene, wie ein leicht schräg gestellter Spiegel, auf dem wir hinabsausten. Diesen schrägen Spiegel hinabzugleiten, zwischen zwei Nadelwäldern, die von hohen abgestorbenen Weißkiefern gesäumt waren, welche manchmal schief bis über die Mitte des Flusses ragten, war überaus erfrischend und die perfekte Art zu reisen. Ich habe dort einige Ungeheuer erblickt, die kaum noch Zweige hatten und deren Durchmesser bis zu einer Höhe von vierundzwanzig bis siebenundzwanzig Metern kaum abnahm.

Als wir so einhersausten, wiederholte der Indianer in einem nachdenklichen und schleppenden Ton die Worte: „Daniel Webster, großer Anwalt.“ Offensichtlich hatte ihn der Name des Flusses an Webster erinnert, und er erzählte, wie er ihn einmal in Boston in einem Haus besuchte, das er für seine Pension hielt. Er hatte keine geschäftlichen Angelegenheiten zu besprechen, sondern ging nur hin, um ihm – wie wir es nennen würden – seine Aufwartung zu machen. Es war an dem Tag, nach dem Webster seine Bunker-Hill-Rede gehalten hatte. Als Polis ihn das erste Mal aufsuchte, wartete er, bis er müde wurde, ohne ihn zu sehen, und ging dann fort. Beim zweiten Mal sah er ihn mehrmals in Hemdsärmeln, ohne Notiz von ihm zu nehmen, an der Tür des Zimmers vorbeigehen, in welchem er wartete. Wenn Webster Indianer besucht hätte, dachte Polis, dann hätten sie ihn anders behandelt. Nach langer Verspätung kam er schließlich herein, ging auf ihn zu und fragte ihn schroff mit lauter Stimme: „Was willst du?" Und Polis, der zunächst aufgrund der Handbewegung Websters dachte, er wolle ihn schlagen, sagte zu sich: „Pass lieber auf. Wenn du das versuchst, dann weiß ich, was zu tun ist."

Er mochte ihn nicht und behauptete, dass alles, was er sagte, weniger wert sei „als ein Gespräch über eine Bisamratte".

Da wir auf Wasserfälle und Stromschnellen stießen, war unser leichtes Vorankommen plötzlich beendet. Der Indianer ging am Ufer entlang, um das Wasser zu inspizieren, während wir auf den Felsen herumkletterten und Beeren pflückten. Als der Indianer zurückkehrte, bemerkte er: „Sie müssen gehen, sehr starkes Wasser."

Er nahm also sein Kanu, ließ es hinter den Stromschnellen erneut zu Wasser und geriet bald außer Sicht. Bei solchen Gelegenheiten stieg er in das Kanu, ergriff sein Paddel und legte ab, wobei er weit flussabwärts blickte, so als wolle er alle Informationen des Waldes und Flusses in sich aufnehmen. Wir kraxelten in der Zwischenzeit mit unserem Gepäck am pfadlosen Ufer entlang. Für *uns* war dies die letzte Bootstour des Tages.

Der Indianer kam nun viel schneller voran als wir und wartete gelegentlich auf uns. Ich entdeckte hier die einzige kühle Quelle auf unserer ganzen Expedition und trank daraus – ein wenig Wasser, das eine Mulde im sandigen Ufer füllte. Es war ein ziemlich bemerkenswertes Ereignis und der hohen Lage des Landes zuzuschreiben, denn überall sonst, wo wir unterwegs waren, war das Wasser in den Flüssen und Zuflüssen, im Vergleich zu dem einer Bergregion, brackig und warm. Entlang des Ufers konnte man nur sehr schlecht gehen, wir mussten über umgestürzte und angeschwemmte Bäume und Büsche und Felsen, machten gelegentlich einen Umweg durch das Wasser, über eine Kiesbank oder landeinwärts. An einer Stelle, als sich der Indianer weit vor uns befand, sah ich mich gezwungen, mich nackt auszuziehen, um durch einen kleinen, aber tiefen Zufluss zu waten, während mein Gefährte, der landeinwärts gegangen war, weit oben in den Wäldern eine rohe Brücke fand, wo ich ihn eine Zeit lang aus den Augen verlor. Ich entdeckte ganz frische Elchspuren und ging am Stamm einer Weißkiefer vorbei, die im Wald in der Nähe des Flussufers lag und am unteren Ende fast eineinhalb Meter Durchmesser hatte.

Kurz darauf holte ich den Indianer am Rand eines abgebrannten Landstücks ein, das sich über mindestens drei oder vier Meilen erstreckte und rund drei Meilen oberhalb von Second Lake begann, den wir noch am selben Abend erreichen wollten. Dieses verbrannte Gebiet war noch felsiger als die vorherigen Gegenden, doch obwohl es vergleichsweise offen lag, konnten wir den See noch nicht ausmachen. Da ich meinen Gefährten eine Zeit lang nicht gesehen hatte, kletterte ich mit dem Indianer auf einen hohen Felsen am Flussufer, der oben einen schmalen, nur dreißig bis sechzig Zentimeter breiten Grat bildete, um Ausschau nach ihm zu halten. Nachdem wir ihn mehrmals gerufen hatten, hörte ich ihn schließlich aus beträchtlicher Entfernung landeinwärts antworten, denn er war einem Pfad gefolgt, der ihn vom Fluss fortgeführt hatte, und versuchte nun den Rückweg zum Wasser zu finden. Als ich ungefähr eine Drittelmeile weiter flussabwärts einen viel höheren Felsen derselben Art erblickte, ging ich durch den verbrannten Landstrich dorthin, um vom Gipfel nach dem See Ausschau zu halten und gleichzeitig nach meinem Gefährten zu rufen, damit er sich mir auf dem Weg anschließe.

Bevor wir uns trafen, bemerkte ich eine Stelle, wo offensichtlich ein Elch, den ich wahrscheinlich durch mein Geschrei aufgescheucht hatte, gerade eben an einem großen verrotteten Kiefernstamm vorbeigelaufen war, der über einer Mulde eine neun bis zwölf Meter lange Brücke bildete, die für das Tier ebenso zweckdienlich war wie für mich. Die Elchspuren waren so groß wie die eines Ochsen, doch ein Ochse hätte hier nicht durchgehen können. Dieses verbrannte Land war eine äußerst wilde und unwirtliche Region. Nach dem Unkraut und den Sprossen zu urteilen, war es anscheinend vor rund zwei Jahren abgebrannt. Es war übersät mit verkohlten liegenden oder stehenden Baumstämmen, die unsere Kleidung und die Hände schwärzten. Große Baumhülsen, die manchmal außen gar nicht oder nur an einer Seite verbrannt, aber innen ganz schwarz waren, erhoben sich sechs bis zwölf Meter hoch. Das Feuer hatte innen wie in einem Kamin nach oben gebrannt und das Splintholz zurückgelassen. Es gab dort große Felder mit Waldweidenröschen, die massenhaft ihre rosa Blüten zeigten. Dazwischen standen Blaubeersträucher und Himbeerbüsche.

Nachdem ich einen zweiten Felskamm überquert hatte und einen dritten hinaufzusteigen begann, gab mir der Indianer, den ich am Ufer zurückgelassen hatte, ein Zeichen, zu ihm zu kommen, doch ich bedeutete ihm, dass ich zuerst den vor mir liegenden Fels erklimmen wolle. Mein Gefährte begleitete mich zur Spitze.

Dort befand sich eine bemerkenswerte Reihe dieser großen Felswellen, die vom Waldbrand freigelegt worden waren – eine Brandung sozusagen. Kein Wunder, dass der Fluss, der sich zwischen ihnen seinen Weg gebahnt hatte, eine heftige Strömung aufwies und von Wasserfällen unterbrochen wurde. Wir konnten den See hinter den Wäldern erkennen und sehen, dass der Fluss um den Fuß der Klippe, auf der wir standen, plötzlich nach Süden abbog, und dass es nicht weit entfernt unter uns einen bedeutenden Wasserfall gab. Ich konnte das Kanu fünfhundert Meter dahinter, allerdings auf dem gegenüberliegenden Ufer ausmachen und nahm an, dass der Indianer zu dem Entschluss gekommen war, es an Land zu ziehen und um einige gefährliche Stromschnellen auf jener Seite herumzutragen, doch nachdem ich eine Zeit lang gewartet hatte, konnte ich immer noch keine Spur von ihm sehen, und ich begann zu vermuten, dass er landeinwärts gegangen war, um von irgendeiner Hügelkuppe nach dem See Ausschau zu halten. Dies erwies sich als zutreffend, denn als ich mich auf den Rückweg zum Kanu machte, hörte ich ein leises „Hallo" und erspähte ihn auf dem Gipfel eines fernen felsigen Hügels. Ich begann, den Kamm entlang zur Biegung des Flusses zurückzugehen. Mein Gefährte fragte, wohin ich ginge, worauf ich antwortete, dass ich weit genug zurückgehen wolle, um mit dem Indianer sprechen zu können.

Als wir das Ufer erreichten, trat der Indianer aus den Wäldern auf der anderen Seite hervor, doch wegen des tosenden Wassers war es schwierig, mit ihm zu kommunizieren. Er ging weiter am Ufer entlang nach Westen zu seinem Kanu, während wir an der Biegung stehen blieben, wo der Fluss um die Klippe herum nach Süden abbiegt. Ich sagte zu meinem Gefährten, dass wir in Ufernähe und Sichtweite des Indianers bleiben sollten. Als wir in dieser Absicht aufbrachen, blieben wir nah beieinander, während Polis erneut sein Kanu zu Wasser gelassen hatte, aber ich sah, wie er mir winkte, und rief meinem Gefährten zu, der eben auf seinem Weg flussabwärts hinter großen Felsen am Fuß der Klippe verschwunden war, dass ich dem Indianer helfen wolle.

Dies tat ich auch – ich half, das Kanu über einen Wasserfall zu transportieren, indem ich bäuchlings auf einem Felsen lag und ein Ende hielt, während er unten das andere in Empfang nahm –, und binnen zehn bis fünfzehn Minuten war ich wieder an der Stelle angelangt, wo der Fluss in südliche Richtung abbiegt, während Polis auf gleicher Höhe allein den Fluss hinabglitt. Doch als ich die Klippe umrundete, konnte ich zu meiner Überraschung meinen Gefährten nicht sehen, obwohl das Ufer über mindestens eine Viertelmeile frei von Bäumen und Felsen war. Er war wie vom Erdboden verschluckt. Dies war für mich noch unerklärlicher, weil ich wusste, dass er sehr wunde Füße hatte und in der Nähe seiner Begleiter bleiben wollte.

Ich eilte weiter, rief und suchte nach ihm, in dem Glauben, er könne hinter einem Felsen verborgen sein, doch der Indianer war in seinem Kanu schneller vorangekommen, bis er von den Wasserfällen eine gute Viertelmeile flussabwärts aufgehalten wurde. Er ging dann an Land und sagte, wir könnten an diesem Abend nicht weiterkommen. Die Sonne gehe unter, und wir würden wegen der Wasserfälle und Stromschnellen gezwungen sein, diesen Fluss zu verlassen und das Kanu ein gutes Stück weit zu einem anderen, der weiter östlich lag, zu tragen. Das Wichtigste war also, meinen Gefährten zu finden, denn ich machte mir nun große Sorgen um ihn und schickte den Indianer flussabwärts, am Ufer entlang, das kurz hinter den Wasserfällen wieder mit nicht verbranntem Wald bedeckt war, während ich in die Gegenrichtung ging und hinter der Klippe suchte, die wir umrundet hatten.

Der Indianer zeigte sich etwas unwillig, sich anzustrengen, klagte, dass er sehr müde sei, weil er tagsüber hart gearbeitet habe, dass es ihn viel Kraft gekostet habe, allein so viele Stromschnellen hinabzufahren, aber er zog trotzdem los und ließ eulenartige Rufe vernehmen. Mir fiel ein, dass mein Gefährte kurzsichtig war, und ich befürchtete, er könne entweder von einer Klippe gestürzt oder ohnmächtig geworden und zwischen die Felsen darunter gefallen sein. Ich rief und suchte auf und unter dieser Klippe in der Dämmerung, bis ich nichts mehr sehen konnte, wobei ich wahrhaftig erwartete, seine Leiche zu finden. Eine halbe Stunde lang rechnete ich nur mit dem Schlimmsten und glaubte an eine Katastrophe. Ich überlegte, was ich am nächsten Tag tun würde, wenn ich ihn nicht wieder entdecke, und was seine Verwandten empfinden würden, wenn ich ohne ihn heimkehrte. Ich spürte, dass die Suche nach ihm ein hoffnungsloses Unterfangen war, falls er sich wirklich vom Fluss aus landeinwärts verirrt hatte, und wo waren die Menschen, die uns hätten helfen können? Was würde es nützen, Alarm zu schlagen, wenn es nur zwei oder drei Lager, die zwanzig bis dreißig Meilen voneinander entfernt waren, gab, und keine Straße? Und wenn womöglich niemand anwesend war?

Ich eilte von der Klippe hinunter zum Kanu, um das Gewehr des Indianers abzufeuern, entdeckte aber, dass mein Gefährte die Zündkapseln mit sich führte. Als der Indianer zurückkehrte, sagte er, er habe seine Spuren an ein oder zwei Stellen entlang des Ufers gesehen. Dies ermutigte mich sehr. Er war dagegen, das Gewehr abzufeuern, und meinte, falls mein Freund es hörte, was wegen des tosenden Flusses unwahrscheinlich sei, würde es ihn dazu verleiten, in unsere Richtung zu gehen, wobei er sich im Dunklen das Genick brechen könne. Aus demselben Grund wollten wir kein Feuer auf dem höchsten Felsen anzünden. Ich schlug vor, dass wir beide oder zumindest ich allein flussabwärts zum See gehen sollten, doch der Indianer sagte: „Zwecklos, im Dunklen kann man nichts tun. Wenn Morgen kommt, dann wir ihn finden. Keine Gefahr – er machen

Lager. Hier keine bösen Tiere – warme Nacht – er ebenso gut dran wie Sie und ich."

Die Dunkelheit in den Wäldern war inzwischen so undurchdringlich, dass dies die Frage entschied. Wir mussten an Ort und Stelle das Lager aufschlagen. Ich wusste, dass mein Freund seinen Rucksack mit Decken und Streichhölzern hatte, und wenn er gesund war, dann würde es ihm nicht schlechter ergehen als uns, auch wenn er nichts zum Essen und keine Gesellschaft hatte.

Da diese Seite des Flusses derart mit Felsen übersät war, setzten wir zum östlicheren oder glatteren Ufer über und schlugen dort, zehn bis fünfzehn Meter von den Wasserfällen entfernt, unser Lager auf. Wir verzichteten auf das Zelt und legten uns auf den Sand, wo wir einige Handvoll Gras und Zweige aufgehäuft hatten, da es in der Nähe keine Nadelbäume gab. Als Brennholz dienten uns einige der verkohlten Baumstämme. Unsere verschiedenen Provianttaschen waren in den Stromschnellen ziemlich nass geworden, und ich stellte sie rund um das Feuer zum Trocknen auf. Der nahe gelegene Wasserfall war der größte dieses Flusses, und er ließ den Boden unter uns erbeben. Es war eine kühle, taufeuchte Nacht. Gelegentlich glaubte ich, die Stimme meines Freundes durch das Tosen des Wasserfalls vom anderen Ufer her zu vernehmen, aber es ist zu bezweifeln, ob wir ihn an dieser Stelle über den Fluss hätten hören können. Manchmal zweifelte ich daran, dass der Indianer wirklich seine Spuren gesehen hatte, da ihm so deutlich anzumerken war, wie ungern er sich ernsthaft auf die Suche machte.

Wir lagerten in einer überaus wilden und unwirtlichen Gegend, wo man eigentlich erwarten würde, auf entsprechende Bewohner zu treffen, doch hörte ich nur das Kreischen eines Nachtfalken, der über uns hinwegsauste. Der Mond, der sich in seinem ersten Viertel, am Anfang der Nacht, auf die kahlen, felsigen Hügel senkte, die von hohen, verkohlten und hohlen Stümpfen oder Hülsen von Bäumen geziert wurden, trug dazu bei, alle Trostlosigkeit zu enthüllen.

VIII
Donnerstag, 30. Juli

Ich weckte den Indianer früh am Morgen, um nach unserem Gefährten zu suchen, den ich weniger als ein oder zwei Meilen weiter flussabwärts zu finden hoffte. Der Indianer wollte erst frühstücken, doch ich erinnerte ihn daran, dass mein Freund weder Frühstück noch Abendessen gehabt hatte. Zunächst mussten wir unser Kanu und unser Gepäck zu einem anderen Fluss tragen, zum Hauptfluss des East Branch, der eine gute dreiviertel Meile entfernt lag, denn der Webster Stream war nicht weiter befahrbar. Wir überquerten diese Portage zweimal, und die taufeuchten Büsche durchnässten uns bis zur Hüfte, als ob wir durch Wasser wateten. Ich rief ab und zu nach meinem Freund, obwohl ich kaum damit rechnete, beim Tosen der Stromschnellen gehört zu werden.

Als wir diese Portage zum letzten Mal überquerten, stolperte der Indianer, der vor mir ging und das Kanu auf dem Kopf trug, stürzte schwer zu Boden und blieb einen Moment lang schweigend liegen, als hätte er Schmerzen. Ich trat hastig vor, um ihm zu helfen, und fragte ihn, ob er sich sehr verletzt habe, doch nach einem Augenblick Rast sprang er ohne Erwiderung auf und ging weiter.

Wir hatten unser Kanu zu Wasser gelassen und nur eine kurze Strecke auf dem East Branch zurückgelegt, als ich meinen Gefährten mit einem Schrei antworten hörte, und bald darauf sah ich ihn auf einer Landspitze stehen, wo sich eine Lichtung eine Viertelmeile landeinwärts erstreckte, während der Rauch seines Feuers in der Nähe aufstieg. Bevor ich ihn sah, schrie ich natürlich immer wieder, doch der Indianer bemerkte höflich: „Er Sie hören“, als ob ein Schrei genügte.

Es war ein kurzes Stück hinter der Mündung des Webster Stream. Als wir ankamen, rauchte er seine Pfeife und sagte, er habe eine ganz gemütliche Nacht verbracht, obwohl es wegen des Taus ziemlich kalt gewesen sei. Offenbar hatte er, da er kurzsichtig war, weder den Indianer noch sein Kanu gesehen, als wir am vorherigen Abend nebeneinander gestanden waren und ich Polis am anderen Flussufer zugerufen hatte. Als ich zurückging, um dem Indianer zu helfen, hatte er nicht sehen können, wohin ich ging, und angenommen, wir befänden uns weiter flussabwärts und nicht flussaufwärts, und da er sich beeilt hatte, uns einzuholen, war er von uns fortgelaufen. Nachdem er eine Meile oder weiter von unserem Lager entfernt diese Lichtung erreicht hatte, wurde er vom Einbruch der Nacht überrascht, machte ein Feuer in einer kleinen Mulde und legte sich daneben auf seine Decke, wobei er immer noch dachte, dass wir uns vor ihm befanden.

Er hatte als Signal am Flussufer den auf der Landspitze gefundenen Stofffetzen eines Holzfällerhemds auf einer Stange befestigt und eine Nachricht beigefügt, die uns informieren sollte, dass er weiter zum See gegangen war und in ein paar Stunden zurückkehren wolle, falls er uns dort nicht antreffen würde. Für den Fall, dass er uns nicht bald wiederfinde, hatte er sich überlegt, zurückzugehen und nach dem einsamen Jäger zu suchen, den wir zehn Meilen hinter uns am Telos Lake getroffen hatten, und ihn, falls er ihn fand, als Führer nach Bangor anzuheuern. Aber wenn dieser Jäger genauso schnell unterwegs war wie wir, wäre er inzwischen zwanzig Meilen weiter gewesen, und wer hätte die Richtung erraten können? Ihn in diesen Wäldern aufzuspüren, wäre wie die Suche nach der Nadel im Heuhaufen. Mein Freund hatte schon darüber nachgedacht, wie lange er sich nur von Beeren ernähren könnte.

Wir alle hatten beim Frühstück, das wir hier in aller Eile zubereiteten, einen guten Appetit, und dann, nachdem wir unsere Kleider halbwegs getrocknet hatten, glitten wir hurtig den gewundenen Fluss hinab zum Second Lake.

Als die Ufer mit häufigen Sandbänken flacher wurden und der Fluss im niederen Land nahe dem See gewundener, zeigten sich Ulmen und Eschen und auch die wilde gelbe Lilie, deren Knollen ich für eine Suppe sammelte. Auf einigen Bergketten erstreckte sich das verbrannte Land bis zum See. Dieser war ein sehr schönes Gewässer, zwei bis drei Meilen lang, mit hohen Bergen am Südwestufer. Der Morgen war sonnig und vollkommen still, der See glatt wie Glas, die einzige Welle erzeugten wir, als wir auf ihm hinauspaddelten. Die dunklen Berge der Umgebung sah man durch einen graugrünen Nebel, und die weißen Stämme der Kanubirken mischten sich unter die anderen Bäume ringsum. Die Drossel sang am fernen Ufer, und das Gelächter einiger Seetaucher, die sich in einer verborgenen Bucht im Westen tummelten, tönte deutlich über den See zu uns herüber, als würde es durch den Morgen inspiriert. Die Schönheit der Landschaft war in unseren Augen wohl durch die Tatsache verstärkt, dass wir uns nach einer recht sorgenvollen Nacht gerade wieder getroffen hatten.

Nachdem wir drei Viertel des Sees überquert hatten, machten wir Halt, während mein Gefährte die Angelschnur auslegte. Inmitten unserer Träume von riesigen Seeforellen, die gerade jetzt hätten anbeißen müssen, zog unser Fischer einen winzigen roten Flussbarsch ins Kanu, und wir ergriffen erneut unsere Paddel.

Wo sich der Abfluss des Sees befand, war nicht zu erkennen, und während der Indianer dachte, er läge in der einen Richtung, dachte ich, er läge in der anderen. „Ich wette um vier Penny, er ist dort", sagte er, steuerte aber weiter in die von mir vorgeschlagene Richtung, die sich als die richtige erwies.

Als wir uns dem Abfluss näherten, rief Polis plötzlich: „Elch! Elch!", und wies uns an, still zu sein. Er legte eine Zündkapsel in sein Gewehr, stand aufrecht im Heck und trieb das Kanu rasch geradewegs auf das Ufer und den Elch zu. Es war eine Elchkuh, rund hundertfünfzig Meter entfernt, die, teils verdeckt von ein paar umgestürzten Bäumen und Büschen, im Wasser neben dem Abfluss stand und auf diese Entfernung nicht besonders groß aussah. Sie wackelte mit ihren massigen Ohren und verscheuchte gelegentlich mit ihrer Nase die Fliegen von einem Körperteil. Sie schien wegen unserer Anwesenheit nicht sonderlich beunruhigt zu sein, drehte nur manchmal ihren Kopf und sah uns direkt an, woraufhin sie ihre Aufmerksamkeit wieder den Fliegen widmete. Als wir näher kamen, stieg sie aus dem Wasser und betrachtete uns misstrauischer.

Polis trieb das Kanu im seichten Wasser stetig vorwärts, doch es stieß bald auf schlammigen Grund, vierzig bis fünfzig Meter von der Elchkuh entfernt, und der Indianer schnappte sein Gewehr. Nachdem sie einen Augenblick lang stillgestanden war, drehte sie sich so, dass sich ihre Flanke ungeschützt darbot, und der Indianer nutzte diesen Moment, um über unsere Köpfe hinweg zu schießen. Daraufhin trabte sie mit mäßiger Geschwindigkeit vierzig bis fünfzig Meter weit fort, über eine seichte Bucht zum gegenüberliegenden Ufer, wo sie erneut stehenblieb, während der Indianer hastig nachlud und zweimal auf sie schoss, ohne dass sie sich bewegte. Mein Gefährte, der ihm die Zündkapseln und Kugeln reichte, sagte, Polis sei so aufgeregt wie ein fünfzehnjähriger Junge. Seine Hand zittere und er habe seinen Ladestock verkehrt herum zurückgeschoben.

Der Indianer stieß das Kanu nun rasch und leise zurück und machte einen weiten Bogen, um in den Abfluss zu gelangen – denn er hatte über die Landenge einer Halbinsel, die zwischen dem Fluss und dem See lag, hinweggeschossen –, bis wir uns der Stelle näherten, wo die Elchkuh gestanden war, als er rief: „Sie ist erledigt!"

Tatsächlich, dort lag sie, mausetot, an derselben Stelle, wo sie gestanden war, um die letzten Schüsse zu empfangen. Ich nahm ein Maßband und stellte fest, dass der Elch von der Schulter zur Hufspitze ein Meter achtzig groß und zwei Meter vierzig lang war.

Polis, der sich auf die Häutung des Elchs vorbereitete, bat mich, ihm bei der Suche nach einem Stein zu helfen, auf dem er sein großes Messer schärfen konnte. Da wir uns auf flachem Schwemmland befanden, das mit Rotahorn etc. bedeckt war, war dies keine leichte Aufgabe. Wir suchten lange weit und breit, bis ich schließlich einen flachen Schiefer entdeckte, auf dem er sein Messer bald überaus scharf wetzte.

Während er den Elch häutete, begann ich zu prüfen, welche Fischsorten in dem träge fließenden und schlammigen Abfluss leben. Die größte Schwierigkeit war, eine Rute zu finden. Es war beinahe unmöglich, in diesen Wäldern eine dünne, gerade, drei bis dreieinhalb Meter lange Rute aufzutreiben. Man konnte eine halbe Stunde vergeblich danach suchen. Es gab nur gewöhnliche Tannen, Lebensbäume, Fichten etc., die klein, stämmig und voller Zweige waren und keine guten Angelruten abgaben, selbst dann nicht, wenn man geduldig all ihre zähen und knorrigen Äste abgeschnitten hätte. Die Fische waren rote Flussbarsche und Hasel.

Nachdem der Indianer ein großes Lendenstück, die Oberlippe und die Zunge abgeschnitten hatte, wickelte er alles in das Fell und legte es mit der Bemerkung auf den Boden des Kanus, dass dies „ein Mann" sei, womit er das Gewicht eines Mannes meinte. Unsere Last war zuvor um gute dreißig Pfund reduziert worden, doch nun kamen hundert Pfund dazu, wodurch unsere Plätze noch enger, die Überquerungen der Seen und Stromschnellen beträchtlich gefährlicher und der Transport auf den Portagen mühsamer wurden. Gemäß dem Brauch gehörte das Fell uns, weil der Indianer für uns arbeitete, aber wir dachten nicht daran, es einzufordern. Da er Elchfelle hervorragend verarbeiten konnte, würde es ihm, wie man mir sagte, sieben oder acht

Dollar einbringen. Er erzählte, dass er mit den Fellen manchmal fünfzig bis sechzig Dollar täglich verdiene. Er habe zehn Elche an einem Tag erlegt, allerdings benötige er für das Häuten und alle anderen Arbeiten zwei Tage. Auf diese Weise habe er sein Vermögen erwirtschaftet.

Wir setzten unsere Reise entlang des Abflusses durch ein Sumpfgebiet fort, über ein langes, gewundenes und stehendes Wasser, das von jeder Menge Gehölz verstopft wurde, und wo wir manchmal gezwungen waren, an Land zu gehen, um das Kanu über einen Baumstamm zu tragen. Einen Kanal zu finden war schwer, und wir rechneten damit, uns im Sumpf zu verirren. Wie gewöhnlich gab es zahllose Enten. Schließlich erreichten wir Grand Lake.

Auf einer interessanten Felseninsel machten wir Halt, um zu essen, und sicherten unser Kanu am steinigen Ufer. Hier war eine gute Gelegenheit, unsere taufeuchten Decken auf den sonnenbeschienenen Felsen zu trocknen. Vor Kurzem hatten hier Indianer ihr Lager aufgeschlagen und unabsichtlich mehr als die ganze Westspitze der Insel abgebrannt. Polis hob eine Gewehrtasche aus blauem Wollstoff auf und sagte, er kenne den Indianer, dem sie gehöre, und würde sie ihm zurückbringen. So groß kann sein Stamm nicht sein, wenn er über dessen gesamtes Hab und Gut Bescheid weiß. Wir machten uns daran, ein Feuer anzuzünden und unser Mittagessen unter einigen Kiefern zuzubereiten.

Ich sah, dass die Indianer auf einem Felsen in einer kleinen abgeschiedenen Mulde, die windgeschützt war und wo große Haufen Holzschnipsel übriggeblieben waren, Kanus angefertigt hatten. Dies muss ein Lieblingsplatz ihrer Vorfahren gewesen sein, und tatsächlich entdeckten wir dort eine Pfeilspitze, wie sie seit zweihundert Jahren nicht mehr verwendet wird und die sie heutzutage nicht mehr anfertigen können. Der Indianer hob neben unserem Lagerfeuer einen gelblichen gekrümmten Knochen auf und sagte, ich solle raten, um was es sich handle. Es war der obere Schneidezahn eines Bibers, den jemand vor ein, zwei Jahren verspeist hatte. Ich entdeckte auch die meisten anderen Zähne und den Schädel. Wir aßen hier gegrilltes Elchfleisch.

Als unsere Decken getrocknet waren, brachen wir wieder auf, nachdem der Indianer wie üblich seine Zeichen an einem Baum hinterlassen hatte. Wir paddelten in südliche Richtung und hielten uns in der Nähe des Westufers. Der Indianer wusste nicht genau, wo sich der Abfluss befand, und tastete sich voran, indem er einen Mittelweg zwischen zwei möglichen Punkten wählte, von dem er letztlich in beide Richtungen abweichen konnte, ohne einen großen Umweg machen zu müssen. Als wir uns dem Südufer näherten, steuerten wir das Kanu so, dass wir teilweise in den Windschatten einer Insel gerieten, obwohl wir weit von ihr entfernt waren, denn die Wolken sahen nach Sturm aus und die Wellen stiegen ziemlich hoch.

Ich konnte den Abfluss nicht erkennen, bis wir uns schon fast darin befanden und das Wasser über den dortigen Damm fließen hörten. Hier war ein ansehnlicher Wasserfall und ein sehr solider Damm, aber keine Spur von einer Hütte oder Lagerstätte.

Während wir hier herumbummelten, nutzte Polis die Gelegenheit, mit seinem großen Messer das Haar von seiner Elchhaut zu schaben, um sie so für das Trocknen vorzubereiten und leichter zu machen. Ich bemerkte bei verschiedenen alten Indianerlagern in den Wäldern die Haufen der Haare, die sie von ihren Fellen geschabt hatten.

Nachdem wir das Kanu über den Damm getragen hatten, sauste Polis die Stromschnellen hinunter und ließ uns eine Meile oder weiter marschieren, wo es meist keinen Pfad gab, sondern sehr schlammig war, was es schwierig machte, in der Nähe des Flusses zu wandern. Er rief uns zu, um uns mitzuteilen, wo er auf uns mit seinem Kanu wartete, wenn wir wegen der Flusswindungen das Ufer nicht ausmachen könnten, aber er rief nicht oft genug, da er vergaß, dass wir keine Indianer waren. Er schien sehr sparsam mit seiner Atemluft umzugehen – gleichzeitig wunderte er sich, wenn wir an ihm vorbeigingen oder nicht die richtige Stelle fanden. Dies machte er nicht aus Unfreundlichkeit, es war vielmehr ein Beweis für gehobene Umgangsformen. Indianer kommen gern mit so wenig Kommunikation und Getue wie möglich aus. Tatsächlich machte er uns die ganze Zeit über ein großes Kompliment, wenn er glaubte, dass wir einen kleinen Wink gegenüber einem deutlichen Tritt bevorzugten.

Schließlich holten wir das Kanu ein, indem wir über Weiden und umgestürzte Bäume kletterten, wenn dies leichter war, als auf dem Boden unter ihnen zu gehen, und wir glitten einige Meilen auf glattem Wasser, aber bei heftiger Strömung flussabwärts. Wie beim Webster Stream stellte ich auch hier fest, dass der Fluss einer glatten Ebene mit gleichmäßigem Gefälle glich, das wir hinabsausten.

Wir beschlossen, früh unser Lager aufzuschlagen, damit wir vor Einbruch der Dunkelheit reichlich Zeit hatten. So machten wir am ersten günstigen Ufer Halt, wo es ungefähr fünf Meilen nach dem Abfluss des Sees einen schmalen Kieselstrand gab. Zwei Schritte vom Wasser entfernt traf man auf beiden Seiten auf die steile, buschige, wurzelige, wenn nicht torfartige, einen bis eineinhalb Meter hohe Böschung, auf welcher der grenzenlose Wald begann, als ob der Fluss gerade eben seinen Weg hindurchgegraben hätte.

Wenn man in dieser ununterbrochenen Wildnis irgendwo an Land geht, ist es überraschend, wie oft man, zumindest weniger als zehn bis zwanzig Meter vom Fluss entfernt, auf Axtspuren stößt, die von Holzfällern hinterlassen wurden, die entweder hier gelagert oder in vergangenen Frühlingen Baumstämme vorbeigeflößt haben. Man sieht zufällig Stellen, wo sie große Holzstücke aus einem großen Weißkiefernstumpf für ihr Lagerfeuer herausgehackt haben.

Während wir das Lager aufschlugen und das Abendessen anrichteten, schabte der Indianer das restliche Haar von seiner Elchhaut und schickte sich an, sie rund zwei Meter von der gegenüberliegenden Seite des Feuers entfernt senkrecht auf einen provisorischen Rahmen zwischen zwei kleinen Bäumen zu spannen, indem er sie mit Lebensbaumrinde festband und dehnte. Als wir ihn um eine neue Teesorte baten, machte er uns einen recht guten Tee aus Wintergrün, das den Boden bedeckte und von dem er ein kleines, mit Zedernrinde zusammengeschnürtes Büschel in den Kessel warf.

Nach dem Essen ließ er Zunge und Lippen des

Elchs köcheln. Er zeigte mir, wie man mit einem Schwarzfichtenzweig, der hart und zäh ist und zugespitzt werden kann, auf die Innenseite der Birkenrinde schreibt.

Kurz vor Einbruch der Nacht wanderte der Indianer ein kurzes Stück weit in den Wald hinein, und als er zurückkehrte, sagte er: „Ich großen Schatz gefunden."

„Was denn?", fragten wir.

„Stahlfallen unter Baumstamm, dreißig oder vierzig, hab sie nicht gezählt. Indianerarbeit, glaube ich – das Stück drei Dollar wert."

Es wirkte wie ein einzigartiger Zufall, dass er einfach losmarschiert war und in diesem weglosen Wald gerade unter diesem besonderen Baumstamm nachgesehen hatte.

Beim Händewaschen im Fluss sah ich Hasel und Döbel, doch mein Gefährte versuchte vergeblich, sie zu fangen. Ich hörte das Quaken von Ochsenfröschen aus einem Sumpf auf der anderen Seite.

Für gewöhnlich schlägt man sein Lager genau bei Sonnenuntergang auf, sammelt Holz, richtet das Abendessen oder stellt das Zelt auf, während die Schatten der Nacht sich rundum versammeln und die bereits undurchdringliche Düsternis des Waldes verstärken. Man hat keine Zeit für Erkundungen oder um sich umzusehen, bevor es finster wird. Man kann auf der Suche nach etwas trockener Rinde, um das Feuer damit anzuzünden, rund dreißig Meter tiefer in diese dämmrige Wildnis eindringen und sich fragen, welche Geheimnisse noch tiefer darin verborgen sind, oder man kann zum Ufer hinunterlaufen, um einen Becher Wasser zu holen, und eine bessere Aussicht auf eine kurze Strecke stromaufwärts oder -abwärts bekommen, und während man dort steht, sieht man vielleicht einen Fisch springen oder eine Ente auf den Fluss hinausschwimmen, oder man hört eine Drossel oder ein Rotkehlchen in den Wäldern zwitschern.

Man kann jedoch nicht fortschlendern, um sich das Land anzuschauen. Fünfzig bis fünfundsiebzig Meter fühlen sich an, als hätte man sich weit von den Kameraden entfernt, und man kommt mit der Haltung eines weit gereisten Mannes zurück, wie nach einer großen Expedition, und kann von Abenteuern berichten, obwohl man wohl die ganze Zeit über das Knistern des Lagerfeuers gehört hat – und nach fünfhundert Metern könnte man sich auf Nimmerwiedersehen verirren und müsste die Nacht im Freien verbringen. Alles ist moosig und *elchig*. In einigen dieser dichten Fichten- und Tannenwälder ist kaum Platz genug für den aufsteigenden Rauch. Die Bäume bilden ein *Heer* der Nacht, und jede gefällte Fichte oder Tanne ist eine Feder, die man aus dem Flügel des Nachtraben pflückt. Dann, in der Nacht, ist die vorherrschende Stille eindrucksvoller als jedes Geräusch, doch hört man gelegentlich den Ruf einer Eule weiter entfernt oder näher aus dem Wald, und wenn man sich in der Nähe eines Sees aufhält, vernimmt man die halb menschlichen Schreie der Seetaucher bei ihren unheimlichen Festlichkeiten.

Der Indianer lag nachts zwischen dem Feuer und seiner aufgespannten Elchhaut, um die Moskitos zu meiden. Tatsächlich hatte er außerdem zu Kopf und Füßen kleine qualmende Feuer aus feuchten Blättern entfacht und dann, wie üblich, seinen Kopf in seine

Decke gewickelt. Wir mit unseren Schleiern und unserer Tinktur hatten es einigermaßen bequem, doch wäre es in dieser Jahreszeit in den Wäldern schwierig gewesen, sitzend irgendeiner Tätigkeit nachzugehen. Im Licht eines Feuers und durch einen Schleier sieht man abends nicht gut genug, um lesen zu können, und wenn man Handschuhe trägt oder sich die Finger eingeölt hat, kann man nur schlecht mit Papier und Bleistift umgehen.

IX
Freitag, 31. Juli

Wir hatten auf einer recht langen Strecke glattes, aber schnell fließendes Wasser, sodass wir hurtig dahinglitten und dabei Enten und Eisvögel aufschreckten. Doch wie gewöhnlich kam unsere reibungslose Fahrt bald zu einem Ende, und wir waren gezwungen, das Kanu mit allen Sachen eine halbe Meile weit am rechten Ufer um einige Stromschnellen oder Wasserfälle herumzutragen. Man brauchte manchmal Adleraugen, um, bevor man die Fälle hinabstürzte, erkennen zu können, auf welcher Seite die Portage war, doch Polis brachte uns immer an der richtigen Stelle an Land. Hier waren die Himbeeren besonders zahlreich und groß, und alle Mann zogen los, um von ihnen zu naschen, wobei der Indianer Bemerkungen über ihre Größe machte.

Auf kahlen, felsigen Portagen war der Pfad oft so schwer auszumachen, dass ich ihn immer wieder aus den Augen verlor, doch wenn ich hinter Polis ging, stellte ich fest, dass er dem Weg fast wie ein Spürhund folgen konnte und selten zögerte. Wenn er einen Moment auf einem kahlen Fels rastete, fiel sein Blick fiel sofort auf irgendein Zeichen, das ich übersehen hätte. An diesen Orten fanden wir häufig überhaupt keinen Pfad und kamen verspätet bei ihm an, was ihm unerklärlich schien. Dann sagte er nur, das sei „sehr seltsam".

Wir hatten von einem „großen Wasserfall" auf diesem Fluss gehört und dachten bei jedem, an dem wir vorbeikamen, dass er das sein müsse, aber nachdem wir mehreren nacheinander den Titel des *Größten* verliehen hatten, gaben wir die Suche auf. Es gab mehr große und kleine Fälle, als ich im Gedächtnis behalten konnte.

Ich kann nicht sagen, wie oft wir wegen Wasserfällen oder Stromschnellen zu Fuß gehen mussten. Dabei rechneten wir die ganze Zeit damit, dass der Fluss einen letzten Sprung machen und dann wieder glattes Wasser vorherrschen würde, doch an diesem Vormittag gab es keine Verbesserung. Die Portagen waren jedoch eine angenehme Abwechslung. Jedes Mal, wenn wir aus dem Kanu stiegen und uns die Beine vertraten, fanden wir uns garantiert inmitten eines Blaubeer- oder Himbeergartens wieder, da unser felsiger Pfad beiderseits entweder von der einen oder anderen Sorte gesäumt wurde. Es gab keine Portage auf dem Hauptfluss des East Branch, auf der wir die beiden Beeren nicht reichlich vorfanden, denn diese Orte waren die steinigsten und teilweise gelichtet, so wie es jene Pflanzen bevorzugen, und niemand war vor uns hier gewesen, um die Schönsten von ihnen zu pflücken.

Wir badeten und aßen am unteren Ende einer dieser Portagen. Es war der Indianer, der uns für gewöhnlich an die Essenszeit erinnerte, manchmal sogar, indem er den Bug dem Ufer zuwandte. Einmal entschuldigte er sich indirekt aber ausführlich mit den Worten, dass es uns vielleicht seltsam vorkäme, aber jemandem, der den ganzen Tag lang hart arbeite, läge viel daran, zur rechten Zeit sein Essen zu bekommen. Als ich am beeindruckendsten Wasserfall dieses Flusses knapp hinter dem Indianer über die Portage ging, entdeckte er eine Spur auf dem Felsen, die leicht mit Erde bedeckt war, blieb stehen und murmelte: „Karibu."

Bei unserer Rückkehr bemerkte er eine viel größere Spur an derselben Stelle, wo ein Tier in einer schmalen, teils mit Gras und Erde gefüllten Mulde im Fels einen Abdruck hinterlassen hatte, und rief erstaunt: „Was das?"

„Also, was ist es?"

Er bückte sich, legte seine Hand in die Spur und antwortete geheimnisvoll und fast flüsternd: „Teufel [er meinte Indian Devil oder Puma] – hier um Felsvorsprünge herum – sehr böses Tier – reißt Felsen ganz in Stücke."

„Von wann ist die Spur?", fragte ich.

„Heute oder gestern", sagte er.

Wir waren an jenem Tag mindestens die halbe Zeit zu Fuß unterwegs. Der Indianer fuhr für gewöhnlich weit hinter dem Beginn der Portagen allein die Stromschnellen hinunter, bevor er auf uns wartete. Die Portagenpfade waren noch schlechter auszumachen als sonst, oft konnte man den Verlauf nur anhand der zahllosen kleinen Löcher in den umgestürzten Bäumen erkennen, die von den Nägeln in den Stiefeln der Viehtreiber hinterlassen worden waren. Es war ein labyrinthisches und verwirrendes Dickicht, durch das wir stolperten und uns hindurchschlängelten, und wenn wir eine Meile zurückgelegt hatten, schien die Stelle, wo wir aufgebrochen waren, in weiter Ferne zu liegen. Wir waren froh, dass wir nicht entlang der Ufer dieses Flusses nach Bangor marschieren mussten, was eine Reise von über hundert Meilen bedeutet hätte. Denkt nur an den undurchdringlichen Wald, die umgestürzten Bäume und die Felsen, die Biegungen des Flusses, die Zuflüsse und die häufigen Sümpfe, die man überqueren müsste. Allein der Gedanke ließ uns schaudern. Doch der Indianer zeigte uns gelegentlich, wo er als zehnjähriger Junge halb verhungert Tag für Tag weitergekrochen war.

Er war viel weiter nördlich mit zwei erwachsenen Indianern auf der Jagd gewesen. Der Winter war unerwartet früh hereingebrochen, und das Eis hatte sie gezwungen, ihr Kanu am Grand Lake zurückzulassen und am Ufer entlang zu gehen. Sie schulterten ihre Felle und machten sich auf den Weg nach Oldtown. Der Schnee war nicht tief genug für Schneeschuhe oder um die Unebenheiten des Bodens auszugleichen. Polis war bald zu schwach geworden, um Lasten zu tragen, doch gelang es ihm, einen Otter zu fangen. Das war das Beste, was sie auf dieser Reise zu essen bekamen, und er erinnerte sich daran, wie gut die Knollen der gelben Lilie waren, aus denen sie zusammen mit dem Otterfett eine Suppe gemacht hatten. Er teilte sein Essen gerecht mit den anderen beiden, doch weil er so jung war, litt er viel mehr als sie. Er watete an seiner Mündung durch den Mattawamkeag, als das Wasser eiskalt war und ihm bis zum Kinn reichte, und da er sehr geschwächt und ausgemergelt war, rechnete er damit, fortgeschwemmt zu werden. Das erste Haus, das sie erreichten, stand in Lincoln, und in dessen Umgebung trafen sie einen weißen Fuhrmann mit Proviant, der ihnen so viel gab, wie sie essen konnten, als er ihren Zustand bemerkte. Sechs Monate nach seiner Heimkehr blieb er sehr schwach, erwartete nicht, zu überleben, und fühlte sich deswegen wohl auf jeden Fall umso schlechter.

Sieben bis acht Meilen hinter jener Reihe „größter“ Wasserfälle, änderte sich sowohl das Bild der Ufer als auch das Wesen des Flusses. Nachdem wir an einem Nebenfluss aus Nordosten vorbeigekommen waren, hatten wir glattes, schnell fließendes Wasser. Niedrige grasbedeckte Böschungen und schlammige Ufer zeigten sich. Viele Ulmen, aber auch Ahornbäume und immer mehr Eschen überschatteten den Fluss und verdrängten die Tannen.

Moskitos, Kriebelmücken etc. verfolgten uns bis in die Flussmitte, und manchmal waren wir froh, in heftige Stromschnellen zu geraten, wo wir den Insekten entkamen. Als wir hurtig die schräge Fläche des Flusses hinabglitten, erhob sich ein großer Virginia-Uhu von einem Baumstumpf am Ufer in die Lüfte und flog schwerfällig über den Strom, während der Indianer wie üblich seinen Schrei nachahmte. Bald darauf segelte ein Weißkopfadler vor uns flussabwärts. Wir trieben ihn einige Meilen vor uns her, als wir nach einem guten Platz für unser Lager Ausschau hielten – denn wir rechneten damit, von einem Regenschauer eingeholt zu werden –, und wir konnten ihn immer noch an seinem weißen Schwanz erkennen, wenn er ab und an von einem Baum am Ufer immer weiter den Fluss hinabsegelte. Einige *Shecorways* [Brandenten] wurden von uns überrascht, ein paar von ihnen tauchten, und wir fuhren direkt über sie hinweg, wobei wir hie und da ihren Weg durch eine Luftblase auf der Wasseroberfläche verfolgen konnten, doch wir sahen sie nicht wieder auftauchen.

Es dauerte eine Weile, bis wir einen Lagerplatz fanden, denn das Ufer war entweder zu grasig und schlammig, sodass es von Moskitos wimmelte, oder die Böschung war zu steil. Schließlich entdeckten wir einen Platz nach unserem Sinn, einen sehr dichten Fichtenwald über einem kiesbedeckten Ufer, wo nur wenige Insekten zu hausen schienen. Die Bäume standen so dicht, dass wir gezwungen waren, einen Platz zu roden, auf dem wir unser Feuer anzünden und uns hinlegen konnten, und die jungen Fichten, die übrig blieben, ragten ringsum wie die Wände einer Wohnung auf. Wir mussten eine steile Uferböschung erklimmen, um dorthin zu gelangen. Doch der Ort, den man sich als Lagerplatz ausgesucht hat, beginnt sofort seine Vorzüge zu zeigen und wird für den Reisenden sogar zum Mittelpunkt der Zivilisation, auch wenn er noch so unwirtlich und grimmig ist: „Daheim ist daheim, mag es auch noch so unheimlich sein."

Die Moskitos waren zahlreich, und der Indianer beklagte sich oft, obwohl er wie in der vorigen Nacht zwischen drei Feuern und seiner aufgespannten Elchhaut lag. Als ich mit Schleier und Handschuhen gewappnet auf einem Baumstumpf am Feuer saß und zu lesen versuchte, bemerkte er: „Ich Ihnen Kerze machen", und im Nu nahm er ein ungefähr zwei Zoll breites Stück Birkenrinde, rollte es fest zusammen wie einen fünfzehn Zoll langen Fidibus, zündete es an, befestigte das andere Ende waagerecht auf einem gespaltenen, neunzig Zentimeter langen Stock, steckte diesen in den Boden, drehte das brennende Ende der Rinde in den Wind und sagte mir, ich solle sie ab und zu putzen. Es war ein recht guter Ersatz für eine Kerze.

Wie schon zuvor stellte ich fest, dass die Moskitos gegen Mitternacht eine Pause einlegten und am Morgen wieder ans Werk gingen. Offenkundig brauchen sie ebenso wie wir ihren Schlaf. Nur wenige oder fast keine Geschöpfe sind die ganze Nacht über gleichermaßen aktiv. Sobald es hell wurde, sah ich durch meinen Schleier, dass die Innenseite des Zelts über unseren Köpfen von Scharen dieser Insekten weitgehend geschwärzt war, und ihr gemeinsames Summen war fast genauso unerträglich wie ihr Stachel. Aus diesem Grund hatte ich eine unruhige Nacht, auch wenn ich nicht mit Sicherheit sagen kann, ob es einem Insekt gelungen ist, mich zu stechen.

X
Samstag, Sonntag, Montag, 1. – 3. August

Weniger als sechs Meter vom Lager entfernt fing ich zwei oder drei große Orfe, die zusammen mit der Elchzunge, welche über Nacht im Kessel gekocht worden war, und mit unseren anderen Vorräten ein üppiges Frühstück ergaben. Der Indianer machte uns statt Kaffee etwas Hemlock-Tee. Der war einigermaßen trinkbar, obwohl Polis meinte, er sei nicht stark genug. Es war interessant, ein so schlichtes Gericht wie einen Kessel voll Wasser mit einer Handvoll grüner Hemlocktannenspitzen darin über einem großen Feuer in freier Natur kochen zu sehen, wobei die Nadeln rasch ihre kräftige grüne Farbe verloren, und zu wissen, dass dies zu unserem Frühstück gehört.

Es freute uns, erneut aufzubrechen und ein paar Moskitos zurückzulassen. Wir entdeckten, dass wir eine gute Meile flussaufwärts von Hunts Blockhaus gelagert hatten, welches das letzte für jene ist, die den Katahdin auf dieser Seite besteigen. Eigentlich hatten wir geplant, den Berg von hier aus zu erklimmen, doch mein Gefährte war wegen seiner wunden Füße gezwungen aufzugeben. Der Indianer schlug jedoch vor, er möge vielleicht bei Hunt ein Paar Mokassins kaufen, mit denen er sehr leicht gehen könne, ohne seine Füße zu verletzen, wenn er mehrere Paar Strümpfe übereinander anzog, und er fügte hinzu, dass sie so durchlässig seien, dass das Wasser, das man darin aufnehme, in kurzer Zeit wieder abfließe. Wir machten Halt, um etwas Zucker zu kaufen, stellten jedoch fest, dass die Familie fortgezogen und das Haus bis auf einige Männer, die sich nur vorübergehend hier aufhielten, um Heu zu machen, verlassen war. Ich bemerkte ein Schlagnetz, das am Ufer ausgebreitet lag und wahrscheinlich zum Lachsfischen benutzt wurde.

Ein kurzes Stück weiter flussabwärts am Westufer sahen wir eine aufgespannte Elchhaut und daneben ein Bärenfell. Der Indianer meinte, sie gehörten Joe Aitteon, aber woher er das wusste, kann ich nicht sagen. Wahrscheinlich ging dieser in der Nähe auf die Jagd und hatte die Felle tagsüber hier zurückgelassen. Als Polis merkte, dass wir direkt nach Oldtown gehen würden, bedauerte er, nicht mehr vom Elchfleisch für seine Familie mitgenommen zu haben, und er sagte, er hätte es dörren und so in kurzer Zeit leicht genug machen können, um den Großteil, ohne die Knochen, mitzunehmen. Ein- oder zweimal fragten wir nach der Lippe, die ein vielgerühmter Leckerbissen ist, doch Polis sagte: „Die ist für meine alte Frau in Oldtown – so was sie bekommen nicht alle Tage.“

Die Ahornbäume wurden immer zahlreicher. Am Vormittag regnete es ein wenig, und da wir damit rechneten, durchnässt zu werden, machten wir frühzeitig Halt und aßen kurz vor Whetstone Falls, ungefähr ein Dutzend Meilen flussabwärts von Hunts Blockhaus, zu Mittag. Mein Gefährte, der seine Pfeife verloren hatte, fragte den Indianer, ob dieser ihm eine neue fertigen könne.

„Oh, yeah“, antwortete er, rollte im Nu ein Exemplar aus Birkenrinde und sagte meinem Freund, er solle den Pfeifenkopf ab und zu befeuchten.

Wir gingen zu Fuß um die Wasserfälle herum. Die Strecke war ungefähr eine dreiviertel Meile lang. Als wir einen Teil des Gepäcks hinübergetragen hatten, kehrte der Indianer entlang des Ufers zurück, und ich über den Pfad, und obwohl ich mich nicht sonderlich beeilte, war ich dennoch überrascht, ihn zur gleichen Zeit am anderen Ende vorzufinden. Es war bemerkenswert, wie leicht er das schwierigste Gelände überwand. Er sagte zu mir: „Ich nehme Kanu und Sie nehmen den Rest, wenn Sie mithalten können?"

Ich dachte, er meinte damit, er wolle die Stromschnellen hinunterfahren, während ich am Ufer entlanggehen und mich bereithalten solle, ihm ab und an zu helfen, wie ich es schon früher gemacht hatte, doch da der Fußmarsch sehr anstrengend sein würde, antwortete ich: „Ich glaube, du bist zu schnell für mich, dennoch versuche ich es."

Er aber sagte, ich solle den Pfad benutzen. Dies, dachte ich, wäre keine große Hilfe, weil ich so weit gehen müsste, um an das Flussufer zu gelangen, wenn er mich brauchte. Doch er hatte etwas ganz anderes im Sinn. Er schlug ein Wettrennen über die Portage vor und fragte mich, ob ich auf demselben Pfad mit ihm mithalten könne, wofür ich ziemlich flink sein müsse, fügte er hinzu. Da seine Last, das Kanu, die schwerste und sperrigste war, hielt ich es für machbar und sagte, ich wolle es versuchen. Also fuhr ich fort, das Gewehr, die Axt, die Paddel, den Kessel, die Bratpfanne, die Teller, Becher, Decken etc. einzusammeln, und während ich damit beschäftigt war, warf er mir seine Rindslederstiefel zu. „Wie, sind die auch Teil der Abmachung?"

„Oh, yeah", sagte er, aber bevor ich meine Last zu

einem Bündel schnüren konnte, sah ich ihn mit dem Kanu auf seinem Kopf hinter einer Hügelkuppe verschwinden.

Hastig raffte ich die verschiedenen Gegenstände zusammen, lief los und überholte ihn sogleich in den Büschen, doch kaum hatte ich ihn in einer felsigen Mulde außer Sicht zurückgelassen, da machten sich die fettigen Teller, Becher etc. selbstständig, und als ich damit beschäftigt war, sie einzusammeln, überholte er mich. Ich aber klemmte rasch den rußigen Kessel unter den Arm, lief erneut los, überholte ihn noch einmal und verlor ihn auf der Portage aus den Augen. Ich erwähne dies nicht, um eine Großtat zu schildern, denn ich erwies mich nur als schlechter Läufer, und er war, aus Angst, sein Kanu zu beschädigen oder sich sogar das Genick zu brechen, gezwungen, sich überaus vorsichtig zu bewegen. Als er ebenso keuchend und schnaufend wie ich auftauchte, antwortete er auf meine Frage, wo er gewesen sei: „Felsen schneiden Füße", und fügte lachend hinzu: „Oh, manchmal ich gerne spielen."

Er erzählte, dass er und seine Gefährten, wenn sie zu mehrere Meilen langen Portagen kämen, gerne wetteten, wer sie als Erster überquert haben würde – wobei ein jeder womöglich ein Kanu auf dem Kopf trug. Ich trug für den Rest der Reise den Abdruck des Kessels auf meinem braunen Leinenrucksack.

Als wir uns der Mündung des East Branch näherten, kamen wir an zwei oder drei Hütten vorbei, den ersten Zeichen der Zivilisation nach Hunts Blockhaus, obwohl wir bisher keine Straße ausmachten. Wir hörten eine Kuhglocke und sahen sogar ein Kleinkind, das an ein kleines viereckiges Fenster gehalten wurde, um uns vorbeifahren zu sehen. Als wir auf den West Branch bei Nicketow abbogen, bemerkte Polis, dass es von hier bis Oldtown nur glattes Wasser gebe, und er warf seine Stange fort, die am Umbazookskus geschnitten worden war.

Wir lagerten ungefähr zwei Meilen flussabwärts von Nicketow, bedeckten das verwitterte Bett eines früheren Reisenden mit frischen Zweigen und spürten, dass wir nun in einem besiedelten Gebiet angekommen waren, besonders, als wir am Abend einen Ochsen auf seiner wilden Weide am gegenüberliegenden Flussufer niesen hörten. Wo immer man entlang des viel befahrenen Abschnitts des Flusses an Land steigt, muss man nicht weit gehen, um solche provisorische Gasthöfe zu entdecken – das verwitterte Bett plattgedrückter Zweige, die verkohlten Stöcke und vielleicht auch Zeltstangen. Vor nicht allzu langer Zeit waren ähnliche Betten entlang des Connecticut, des Hudson und des Delaware verbreitet, und noch weiter zurück in der Vergangenheit auch an Themse und Seine, und heute sind sie Teil des fruchtbaren Bodens, auf dem private und öffentliche Gärten entstanden sind, Herrenhäuser und Paläste errichtet wurden. Wir konnten für unsere Betten keine Fichtenzweige bekommen, und die der Rottanne waren vergleichsweise rau, da ihre Zweige weniger Nadeln aufwiesen, aber wir polsterten sie ein wenig mit Hemlocktanne aus.

Nach dem gewöhnlichen Abendessen versuchten wir eine Liliensuppe aus den Knollen zu machen, die ich mitgebracht hatte, denn ich wollte so viel wie möglich lernen, bevor ich die Wälder verließ. Gemäß den Anweisungen des Indianers wusch ich die Knollen sorgfältig, schnitt etwas Elch- und Schweinefleisch in kleine Stücke, gab Salz hinzu und kochte alles zusammen, aber uns fehlte die Geduld, das Experiment ordentlich durchzuführen, denn Polis sagte, die Knollen müssten kochen, bis sie ganz weich würden, um die Suppe wie Mehl zu verdicken. Doch obwohl wir sie die ganze Nacht lang über dem Feuer ließen, fanden wir sie am nächsten Morgen am Kesselrand angetrocknet vor und immer noch nicht zu Mehl zerkocht. Vielleicht waren die Knollen noch nicht reif genug, denn man sammelt sie für gewöhnlich im Herbst. Die Indianer nennen diese Knollen *Sheepnoc*.

Polis richtete sein Lager wie üblich zwischen seiner Elchhaut und dem Feuer her, doch als es plötzlich zu regnen begann, nahm er bei uns unter dem Zeltdach Zuflucht und sang uns ein Lied, bevor er einschlief. In der Nacht regnete es heftig, wobei eine weitere Schachtel Streichhölzer verdorben wurde, die der Indianer draußen gelassen hatte, da er sehr leichtsinnig ist. Wir aber schliefen wegen des Regens umso besser, weil er die Moskitos zurückhielt.

Der Sonntagmorgen war wolkig und nicht vielversprechend. Einer von uns sagte zum Indianer: „Sie haben letzte Nacht Ihre Elchhaut nicht aufgespannt, nicht wahr, Mr. Polis?"

Woraufhin er in einem überraschten, aber keineswegs übellaunigen Ton antwortete: „Warum fragen Sie mich das? Und wenn ich sie aufgespannt hätte, Sie hätten gesehen. Ihre Art zu reden ist vielleicht richtig, aber nicht Indianerart."

Ich hatte bemerkt, dass er dieselbe Frage nicht mehr als einmal beantworten wollte und häufig schwieg, wenn man sie erneut stellte, als ob er verstimmt wäre. Er war keineswegs schweigsam, denn oft begann er ungefragt eine langatmige Geschichte zu erzählen – wiederholte ausführlich die Überlieferung irgendeiner alten Schlacht oder eines Ereignisses aus der jüngsten Historie seines Stammes, in dem er eine wichtige Rolle gespielt hatte, holte gelegentlich tief Luft und nahm den Faden seiner Erzählung mit der Gemächlichkeit eines echten Geschichtenerzählers wieder auf. Insbesondere nachdem das Tagwerk erledigt war und er es sich für die Nacht bequem gemacht hatte, pflegte er unverhofft gesellig zu werden, und wir schliefen ein, bevor er zum Ende gekommen war.

Der Indianer hatte an jenem Morgen ziemlich starke Bauchschmerzen. Ich dachte, das Elchfleisch, das er gegessen hatte, habe seine Lage noch verschlimmert.

Wir erreichten den Mattawamkeag um halb neun Uhr früh, inmitten eines Nieselregens, und nachdem wir etwas Zucker gekauft hatten, brachen wir wieder auf.

Da es dem Indianer viel schlechter ging, machten wir im nördlichen Stadtteil von Lincoln Halt, um etwas Brandy für ihn zu kaufen, doch als wir keinen bekommen konnten, empfahl ein Apotheker Brandreth-Pillen, die Polis nicht einnehmen wollte, weil er sie nicht kannte. Er sagte: „Ich Arzt – erst meinen Fall studieren, herausfinden, was fehlt – dann ich wissen, was nehmen."

Wir hielten am späteren Vormittag an einer Insel und machten ihm einen Becher Tee. Wir aßen dort auch zu Mittag, machten die Wäsche und botanisierten, während er am Ufer lag. Am Nachmittag fuhren wir ein Stück weiter. Da anscheinend ein Gewitter im Anzug war, hielten wir gegenüber einer Scheune am Westufer. Wegen unseres Patienten, dessen Krankheit sich nicht gebessert hatte, waren wir gezwungen, den Rest des Tages und die Nacht dort zu verbringen. Er lag stöhnend unter seinem Kanu am Ufer und wirkte sehr elend. Wenn man ihn so herumliegen sah, wäre man nie auf den Gedanken gekommen, dass er sechstausend Dollar besaß und in Washington gewesen ist. Mir schien, als machte er um seine Krankheit einen größeren Wirbel und sorgte sich mehr um seinen Zustand als ein Yankee. Wir sprachen kurz davon, ihn bei seinen Leuten in Lincoln zurückzulassen – denn dies ist eine der Heimstätten seines Stammes –, doch er lehnte wegen der Kosten ab und sagte: „Wenn ich morgen gesund, dann Ihr und ich gehen bis Mittag nach Oldtown."

Als wir in der Dämmerung unseren Tee tranken, während er stöhnend unter seinem Kanu lag, bat er mich, ihm einen Becher Wasser zu holen. Er nahm den Becher in eine Hand, sein Pulverhorn in die andere, mischte ein oder zwei Ladungen Schießpulver ins Wasser, rührte alles mit dem Finger um und trank es aus. Dies war alles, was er außer Tee nach dem Frühstück zu sich nahm.

Um uns die Mühe zu sparen, unser Zelt aufzuschlagen, nachdem wir unsere Vorräte vor streunenden Hunden in Sicherheit gebracht hatten, lagerten wir mit Erlaubnis des Eigentümers in der allein stehenden, halb offenen Scheune in Ufernähe und legten uns auf eineinhalb Meter hohes, frisch gemähtes

Heu. Der Duft des Heus, in das viele Farnkräuter gemischt waren, war angenehm, obwohl es von zahlreichen Grashüpfern belebt wurde, die man hindurchkrabbeln hörte. Dies diente als Übergang zu Häusern und Federbetten. In der Nacht flog ein großer Vogel, wahrscheinlich eine Eule, über unsere Köpfe hinweg, und sehr früh am Morgen wurden wir vom Zwitschern der Schwalben geweckt, die hier ihre Nester gebaut hatten.

Wir brachen morgens noch vor dem Frühstück auf, da es dem Indianer wesentlich besser ging, glitten bald an Lincoln vorbei und hielten zwei oder drei Meilen flussabwärts von dieser Stadt, um zu frühstücken.

Wir kamen oft an Indianerinseln vorüber, auf denen ihre kleinen Häuser standen. Die Penobscot-Indianer scheinen sogar noch geselliger zu sein als die Weißen. In der tiefsten Wildnis von Maine trifft man hin und wieder auf das Blockhaus eines Yankees oder eines kanadischen Siedlers, doch ein Penobscot-Indianer schlägt sein Heim nie in solch einer Einsamkeit auf. Nicht einmal auf ihren Inseln auf dem Penobscot wohnen sie weit verstreut, sondern sammeln sich, offensichtlich, um Gesellschaft zu haben, in Grüppchen von zwei oder drei. Ich sah ein oder zwei Häuser, die sie gerade nicht nutzten, weil sie zu abgelegen seien, wie unser Indianer meinte.

Gelegentlich trafen wir Indianer, die in ihren Kanus flussaufwärts paddelten. Unser Mann trat im Allgemeinen nicht an sie heran, sondern wechselte nur aus einiger Entfernung ein paar Worte mit ihnen. An jenem Tag nahmen wir kaum Notiz von der Landschaft, da wir uns in einem weitgehend besiedelten Gebiet befanden. Der Fluss wurde breit und floss träge, und wir sahen einen Blaureiher, der vor uns gemächlich stromabwärts flatterte.

Der *Sunkhaze*, ein kurzer ruhiger Fluss, strömt zwei Meilen oberhalb von Oldtown aus östlicher Richtung in den Penobscot. Als ich nach der Bedeutung dieses Namens fragte, sagte der Indianer: „Wenn man den Penobscot hinunterfährt, so wie wir, und man ein Kanu aus dem Ufer heraus vor sich hereinfahren sieht, ohne zu sehen Fluss – das ist Sunkhaze."

Zuvor hatte er mir ein Kompliment über mein Paddeln gemacht und gesagt, ich paddle „genau wie alle anderen", weswegen er mir einen Indianernamen gab, der „großer Paddler" bedeutete. Als ich im Bug saß, sagte er zu mir, wenn wir an Land gingen, wolle er mir „Paddeln beibringen".

Also steuerte er aufs Ufer zu, stieg aus, kam nach vorne und brachte meine Hände in die von ihm gewünschte Position. Eine Hand führte er ziemlich weit über die Bordwand hinaus und die andere parallel zur ersten, wobei ich das Paddel nahe dem Ende, nicht über dem Ruderblatt packen sollte, und er wies mich an, es an der Bordkante des Kanus zurück und nach vorne gleiten zu lassen. Ich hielt dies für eine große Verbesserung, an die ich nicht gedacht hatte und die mir die Mühe ersparte, das Paddel jedes Mal hochzuheben, und ich fragte mich, warum er es nicht früher vorgeschlagen hatte. Bevor unser Gepäck weniger wurde, waren wir freilich gezwungen gewesen, mit angewinkelten Beinen im Kanu zu sitzen, wobei unsere Knie über den Bordrand ragten, was diese Art zu paddeln unmöglich gemacht hätte, aber vielleicht hatte er sich auch nur Sorgen gemacht, dass sein Kanu durch die ständige Reibung an einer Seite abgenutzt werden könnte.

Ich erzählte ihm, dass ich daran gewöhnt sei, im Heck zu sitzen und mein Paddel mit jedem Schlag zu heben, wobei ich jedes Mal eine Hebelwirkung erzeugte, und dass ich teils immer noch so wie im Heck paddelte. Da wollte er sehen, wie ich im Heck paddelte. Wir tauschten also die Paddel, denn er hatte das längere und bessere, und wechselten die Plätze, sodass er flach am Boden und ich auf dem Querholz saß. Dann begann er überaus kräftig drauflos zu paddeln, versuchte das Kanu zu wenden, blickte über die Schulter zurück und lachte, doch als er merkte, dass seine Mühe vergeblich war, ging er entspannter ans Werk, obwohl wir ein oder zwei Meilen immer noch sehr schnell dahineilten. Er sagte, er könne an meiner Art im Heck zu paddeln keinen Fehler entdecken, ich aber beschwerte mich, dass er im Bug nicht seinen eigenen Anweisungen entsprechend ruderte.

Als wir uns Oldtown näherten, fragte ich Polis, ob er froh sei, wieder nach Hause zu kommen, doch seine Wildheit war unbezwingbar, und er sagte: „Es macht für mich keinen Unterschied, wo ich bin.“ Dergleichen dient dem Indianer immer als Ausrede.

Wir erreichten die Indianerinsel durch einen schmalen Kanal, der „Cook“ genannt wird. Polis sagte: „Wir werden wohl dort etwas Wasser aufnehmen, Fluss so hoch – hab ihn in dieser Jahreszeit noch nie so hoch gesehen. Sehr raues Wasser dort, hat einmal Dampfer versenkt. Nicht paddeln, bis ich Ihnen sage. Dann sofort lospaddeln.“

Es war eine sehr kurze Stromschnelle. Als wir uns

in der Mitte befanden, schrie er: „Paddeln!“, und wir sausten durch, ohne einen Tropfen aufzunehmen. Kurz darauf kamen die Indianerhäuser in Sicht. Ich konnte meinem Gefährten zunächst nicht sagen, welches der zwei oder drei großen weißen Häuser unserem Führer gehörte. Er sagte, es sei das mit den Fensterläden.

Wir gingen um ungefähr vier Uhr nachmittags gegenüber seiner Tür an Land, nachdem wir an jenem Tag gut vierzig Meilen zurückgelegt hatten. Wir blieben eine Stunde in Polis' Haus. Mrs. P. trug einen Hut und hatte eine Silberbrosche an ihrer Brust, sie wurde uns aber nicht vorgestellt. Das Haus war geräumig und sauber. Eine große neue Karte von Oldtown und der Indianerinsel hing an der Wand und ihr gegenüber eine Uhr.

Hier sahen wir Joe Polis zum letzten Mal. Wir nahmen den letzten Zug und erreichten Bangor am selben Abend.

Ralph Waldo Emerson (1803–1882): Dichter, Essayist und Vordenker des amerikanischen Transzendentalismus. Hawthornes Vermieter in Concord, Freund und Mentor Thoreaus.

Dial: wichtige Zeitschrift der Transzendentalisten, damals von Margaret Fuller, später eine Zeit lang von Thoreau herausgegeben. Thoreaus Essay, *A Natural History of Massachusetts*, erschien 1842 in *The Dial.*

Musketaquid: ursprünglicher Name der puritanischen Siedlung, die 1636 in Concord umbenannt wurde.

Begleiter: Edward Sherman Hoar (1823–1893), Anwalt und Freund Thoreaus, stammte aus dessen Heimatstadt Concord und arbeitete in New York.

Verwandter: George Augustus Thatcher (1806–1885), verheiratet mit Thoreaus Cousine Rebecca Jane Billings.

Joseph Polis (ca. 1808–1884): auch „Poris“ oder „Porus“, Jäger, Häuptling der Penobscot-Indianer.

Bangor House: das größte Hotel in Maine, 1834 eröffnet.

Anführer: Hiram Lewis Leonard (1831–1907), ein namhafter Jäger und Büchsenmacher aus Bangor.

Hornstein: Zitat aus Charles T. Jackson, *Report on the Geology of the State of Maine.* Maine Geological Survey, 1836–39.

Missionar: die ersten katholischen Missionare erreichten Maine im Jahr 1611.

Licht in der Finsternis: Anspielung auf Johannesevangelium 1,5: „Und das Licht scheint in der Finsternis.“

mein Lager: Thoreau war im September 1853 in Begleitung des indianischen Führers Joseph Attien (1829–1870) zum Chesuncook Lake gereist.

Schulbuch: William Holmes McGuffey, *Rhetorical Guide or Fifth Reader of the Eclectic Series: Containing Elegant Extracts in Prose and Poetry*, 1844.

einen alten Mann: Newell Bear (Daten unbekannt), Jäger und Trapper des Maliseet-Stammes, bekannt als „Old Newell“.

Hodge: James T. Hodge (1816–1871), „Report on the Allegash Section, from the Penobscot to the St. Lawrence River“, in: Charles T. Jackson, *Second Annual Report on the Geology of the State of Maine.* Maine Geological Survey, 1838.

einem Kanadier: Jules Thurlotte, dessen Frau ein Jahr später mit einem Franzosen durchbrannte, woraufhin er die Blockhütte verkaufte und fortzog.

Chamberlain Farm: der Hof mit sechs Angestellten und einem reichen Viehbestand wurde 1846 gegründet und diente vor allem der Versorgung der Holzfäller und Waldarbeiter.

no-see-em: eigentlich no-see-um, dt. „Die man nicht sieht“, umgangssprachliche Bezeichnung der Kriebelmücke *Simulium nocivum.* Kriebelmücken stechen nicht, sondern beißen und trinken das austretende Blut.

Ruf des Seetauchers: „Das dämonische Gelächter, das noch eine gewisse Ähnlichkeit mit dem Schrei eines Wasservogels hatte, war sein Ruf, doch ließ er gelegentlich, wenn er mich besonders erfolgreich genarrt hatte und sehr weit von mir wieder auftauchte, ein langgezogenes, unheimliches Heulen hören, das eher dem eines Wolfes glich als einem Vogelruf.“ Thoreau, *Walden*, Kapitel 12.

Kossuth: nach dem ungarischen Freiheitskämpfer Lajos Kossuth benannter Filzhut.

Websters Wörterbuch: Noah Websters *American Spelling Book* (1783) führte eine spezifisch amerikanische Rechtschreibung ein, die sich von der britischen unterschied.

Zahn des Meeres: Thoreau zitiert in eigener Übersetzung aus Aischylos' Tragödie *Der gefesselte Prometheus.*

Daniel Webster (1782–1852): amerikanischer Jurist, Kongressabgeordneter und Senator. Die berühmte Rede zur Grundsteinlegung des Denkmals der Schlacht von Bunker Hill hielt Webster 1825.

Daheim ist daheim: Thoreau zitiert ein englisches Sprichwort aus dem vierten Pamphlet der politischen Satire *The History of John Bull* (1712–27) des Schotten John Arbuthnot.

Joe Aitteon: Joseph Attien (1829–1870), der Thoreau 1853 zum Chesuncook Lake geführt hatte.

Brandreth-Pillen: ein Allheilmittel, das ab 1835 in New York hergestellt wurde.

Mrs. P.: Joseph Polis' Frau Mary (ca.1818–1890).

Die Unschuld der Wälder
Nachwort

Als Henry David Thoreau am 6. Mai 1862 im Alter von vierundvierzig Jahren an Tuberkulose starb, flüsterte er zwei letzte Worte: „Elch" und „Indianer". Seine Schwester Sophia, die ihn in seinen letzten Monaten hingebungsvoll gepflegt hatte, verstand wohl besser als jeder seiner Freunde und Verwandten, was diese Worte für ihn bedeuteten und was ihn in seinen letzten Augenblicken beschäftigte. Sie hatte mit ihm seit dem Vorjahr an einigen älteren Manuskripten gearbeitet, deren Material in ein Buch über die Wildnis von Maine eingehen sollte.

Die Erstausgabe von „The Maine Woods", herausgegeben von Sophia Thoreau und Ellery Channing, erschien 1864, ob sie den Absichten des Autors entsprochen hätte, darf jedoch bezweifelt werden. Das Buch enthielt drei Essays über Reisen, die Thoreau 1846, 1853 und 1857 unternommen hatte. Zwei dieser lebhaften und anschaulichen Texte waren bereits früher in Zeitschriften veröffentlicht worden. „Ktaadn, and the Maine Woods" schildert die Besteigung des Berges Katahdin als Schlüsselerlebnis der Begegnung mit einer vollkommen gleichgültigen und menschenfeindlichen Natur – ein überraschender Gegensatz zur zentralen Vision der amerikanischen Transzendentalisten, die den Einklang des Menschen mit seiner Umwelt suchten und in der Vorstellung einer „Allseele", die Schöpfer und Schöpfung durchdringen und verbinden sollte, zu finden glaubten.

Im Mittelpunkt des zweiten Essays, „Chesuncook“, steht eine Elchjagd, die Thoreau mit George Thatcher, dem Mann seiner Cousine, und zwei indianischen Begleitern unternahm. Der Autor begleitete die Jäger unbewaffnet, „um einen Elch zu sehen“, und hatte gleichzeitig Gewissensbisse bei dem Gedanken, dass das Tier getötet werden sollte. Seine detaillierte Beschreibung des blutigen Handwerks zeigt eine Mischung aus Faszination und Abscheu. Die Veröffentlichung von „Chesuncook“ in der Zeitschrift „Atlantic Monthly“ führte zu einem heftigen Streit zwischen Thoreau und dem Herausgeber James Russell Lowell, der einen Satz aus dem Text gestrichen hatte, weil er für seinen Geschmack „zu pantheistisch“ war. Thoreau hatte über eine Kiefer geschrieben, sie sei „so unsterblich wie ich und wird womöglich so hoch in den Himmel aufsteigen, dass sie mich auch dort noch überragen wird“.

Die dritte Reisebeschreibung, „The Allegash and East Branch“, existierte zu Lebzeiten des Autors lediglich als Rohfassung und wurde in dieser unbearbeiteten Form in „The Maine Woods“ aufgenommen. Der Text ist etwa doppelt so lang wie die beiden anderen Essays und bietet eine erste Übertragung der Tagebuchnotizen. Thoreau wollte diesen seinen wohl interessantesten Reisebericht eigentlich nicht veröffentlichen, da er befürchtete, sein genaues Porträt von Joseph Polis, den er aufrichtig bewunderte, könne als respektlos oder sogar kränkend empfunden werden. Dabei ist es gerade die realistische Darstellung des Indianers, jenseits aller Lederstrumpf-Klischees, die dem Bericht seinen besonderen Charme verleiht. In einem Brief vom 18. August 1857 beschrieb Thoreau seinem Freund Harrison

Blake, wie viel ihm die Begegnung mit Polis bedeutete: „Ich bin nun heimgekehrt und hatte eine recht erfolgreiche Reise, hauptsächlich wegen meiner Bekanntschaft mit einem intelligenten Indianer. Ich machte einen kurzen Ausflug in die neue Welt, die Heimat des Indianers. Er beginnt dort, wo wir enden. Es lohnt sich, neue Talente des Menschen zu entdecken, die ihn umso göttlicher machen, und alles, was unsere aufrichtige Bewunderung weckt, erweitert unseren Horizont. Der Indianer, der in den Wäldern seinen Weg auf so wunderbare Weise finden kann, besitzt so viel Intelligenz, die dem Weißen fehlt, und dies zu beobachten mehrt meine eigenen Fähigkeiten ebenso wie meinen Glauben. Ich freue mich über die Erkenntnis, dass Intelligenz in Kanälen fließt, von denen ich bislang nichts geahnt habe."

Das, was Thoreau faszinierte und auch moderne Leser zu fesseln vermag, ist Polis' selbstbewusste, instinktive Vertrautheit mit einer Natur, die ein Stadtbewohner wohl nur noch als fremd, feindlich und unheimlich betrachtet, wenn er sie nicht gerade als vermeintliche Idylle verkitscht. Im Amerikanischen kann man die Talente und das Wissen der Indianer mit einem Wort zusammenfassen, das im Originaltext oft verwendet wird, aber kaum übersetzbar ist: „woodcraft" – die Fähigkeit, in der Wildnis zu überleben. Ein Thema, das wohl selten so einnehmend dargestellt wurde wie in Thoreaus kleinem Reisebericht.

Man muss an dieser Stelle jedoch anmerken, dass der Bericht, trotz seiner eindrucksvollen und schönen Passagen, nur der Entwurf eines nie vollendeten

Werkes ist. Hätte Thoreau die Arbeit an „The Maine Woods“ abschließen können oder sich für eine separate Veröffentlichung von „The Allegash and East Branch“ entschieden, wäre die überlieferte Fassung vermutlich ein ganz anderer Text. Seine früheren, viel bekannteren Werke „A Week on the Concord and Merrimack Rivers“ (1849) und „Walden, or Life in the Woods“ (1854) gehen zwar auch auf Tagebuchnotizen zurück, wurden vor der Publikation jedoch bis zu sieben Mal überarbeitet. Entsprechend zeigt ein Vergleich der Urfassung des dritten Maine-Essays mit der leicht gekürzten Version, die postum unter dem Titel „Canoeing in the Wilderness“ erschien und auf der vorliegende Übersetzung basiert, dass Letztere tatsächlich die bessere ist, da sie auf inhaltliche Wiederholungen, lange Aufzählungen lateinischer Pflanzennamen und dergleichen Abschweifungen verzichtet, ohne die eigentümliche Poesie des Textes zu mindern oder seine zivilisationskritischen Aussagen anzutasten. Doch auch in der vorliegenden Fassung erinnert die Reisebeschreibung von 1857 eher an die spontan hingeworfenen Zeilen aus den Tagebüchern Thoreaus als an sein sorgfältig strukturiertes und sprachlich ausgefeiltes Hauptwerk „Walden“, in dem der Autor sein Leben als Selbstversorger in einer Hütte am Waldensee als Gegenentwurf zu einer materialistischen, der Natur entfremdeten Existenz darstellte.

Der erst im 20. Jahrhundert einsetzende Erfolg von „Walden“, der sich wohl unter anderem einer zunehmenden Zivilisationsmüdigkeit und Suche nach alternativen Lebensstilen verdankte, hat freilich dazu geführt, den Blick auf Henry David Thoreau zu verengen und in ihm eher einen Vorreiter der Naturschutzbewegung, der Konsumkritik und einer individualistischen Sozialphilosophie zu sehen als einen ebenso originellen wie widersprüchlichen Autor, der keine „ewigen Wahrheiten" verkünden, sondern vielmehr neue Wege wagen und erkunden wollte, die durch religiöse Dogmen und gesellschaftliche Zwänge verbaut worden waren.

Thoreau hat sich nie der Illusion hingegeben, er könne als Autor oder Poet ein großes Publikum erreichen. Wenn er schrieb, dann meist für sich selbst in sein Tagebuch, das er auf Anraten seines Mentors Ralph Waldo Emerson im Alter von zwanzig Jahren begann und das am Ende seines Lebens mehr als sechstausend Seiten umfasste. Obwohl er diese Aufzeichnungen immer wieder als Quelle für Essays und Vorträge nutzte, waren ihm Bücher und Literatur nie so wichtig wie die unmittelbare Erfahrung und Erforschung seiner Welt, das Erweitern seiner Fähigkeiten und Ausloten seiner physischen Grenzen: „Ich möchte so sein wie ihr, meine Wälder", notierte er Weihnachten 1841, „und werde nicht eher ruhen, bis ich eure Unschuld erlangt habe."

Als Nathaniel Hawthorne, der 1842 nach Concord zog, Thoreau zum ersten Mal traf, versuchte dieser immer noch den Tod seines geliebten Bruders John zu verarbeiten, der im Januar desselben Jahres an Wundstarrkrampf gestorben war. Die Brüder waren unzertrennlich gewesen und hatten mit beachtlichem Erfolg eine Privatschule gegründet, nachdem Henry Thoreau seine Lehrtätigkeit an der Volksschule in Concord hatte aufgeben müssen. Man hatte ihn dort unablässig kritisiert, weil er sich hartnäckig weigerte, seine Schüler mit Prügelstrafen zu züchtigen. Nach der Schließung der Privatschule bemühte sich Thoreau nicht, eine neue Anstellung zu suchen. Ralph Waldo Emerson, dessen berühmter Essay „Nature“ die philosophische Bewegung der Transzendentalisten maßgeblich inspiriert hatte, nahm ihn in sein Haus und seine Familie auf, überließ ihm die Pflege des Gartens, die Erziehung seiner Kinder und die Redaktion der Zeitschrift *The Dial*. Obwohl Thoreau, der ja immerhin studiert hatte und dem eigentlich alle Wege offen standen, seinen Mitbürgern bald als Taugenichts und Drückeberger galt, blieb er bei seiner Auffassung, ein Tag Arbeit in der Woche müsse genügen, um den Lebensunterhalt zu bestreiten. Er half gelegentlich seinem Vater in dessen Bleistiftmanufaktur, bot seine Dienste als Landvermesser an oder beriet die Bauern der Umgebung mit seinen fundierten botanischen Kenntnissen. Wer aber einen Beruf ergreift, war seiner Meinung nach verloren, verkaufte sich an die Götzen Habgier und Ehrgeiz und verlor die Fähigkeit, sich mit den „wesentlichen Dingen des Lebens“ auseinanderzusetzen.

Wie ernst ihm dieser Gedanke war, bewies er 1845 mit seinem Umzug in die selbst gebaute Blockhütte am Waldensee, auf einem Grundstück, das Emerson erworben hatte, um es vor der Rodung zu bewahren. Anders als sein berühmter Lehrmeister, wollte Thoreau sich nicht mit der Theorie des Transzendentalismus begnügen, sondern das Ideal des spirituellen Einklangs mit der Natur wirklich erleben, dem „Gedicht der Schöpfung“ lauschen und durch dieses Erlebnis den Schlüssel zur Selbsterkenntnis finden.

Aus diesem Experiment, das Jahre später in dem

Buch „Walden“ verarbeitet wurde, ging kein weltfremder Mystiker hervor. Wie sehr das erträumte Idyll und die raue Wirklichkeit auseinanderklaffen, wird bei Thoreau gelegentlich sehr ironisch dargestellt – wenn er zum Beispiel für die „Seelenwanderung“ eines Murmeltiers sorgt, das sein Bohnenfeld verwüstet hat –, oder auch dramatisch – wenn er die Schlacht zweier Ameisenvölker schildert. Der Weg des Autors führte also keineswegs zu einer Verklärung der Natur als Inbegriff des „Guten“, sondern zu einer Öffnung der Sinne und zu einem Wachsen der Seele durch bewusste Wahrnehmung: „Ich wollte sehen, ob ich nicht lernen könne, was es zu lernen gibt, um nicht, wenn es ans Sterben ging, die Entdeckung machen zu müssen, nicht gelebt zu haben. Ich wollte kein Leben führen, das eigentlich kein Leben ist, dazu war es mir zu kostbar. Ich wollte intensiv leben, dem Leben alles Mark aussaugen, so hart und spartanisch leben, dass alles die Flucht ergreifen würde, was nicht Leben war.“

Thoreau ging es allerdings nie darum, Jünger um sich zu scharen und Rezepte für ewige Glückseligkeit auszustellen. Er wollte nicht, dass irgendjemand seine Lebensart übernimmt, sondern wünschte, dass „es so viel verschiedene Menschen als möglich auf der Welt gebe; ein jeder sehe nur sorgfältig darauf, seinen eigenen Weg zu finden und zu gehen, und nicht stattdessen den seines Vaters, seiner Mutter oder seines Nachbarn“.

Der Aufenthalt am Waldensee dauerte mit kurzen Unterbrechungen zwei Jahre. Eine dieser Unterbrechungen war die erste Reise nach Maine, eine weitere wurde durch Concords Steuereinnehmer Sam Staples verursacht. Thoreau hatte sich jahrelang geweigert, die sogenannte „Wahlsteuer“ von einem Dollar pro Jahr zu entrichten. Wie viele andere Anhänger der Transzendentalisten misstraute er dem Staat, hielt politische Instrumente für ungeeignet, gesellschaftliche Bedingungen zu verbessern, und betrachtete die individuelle Bereitschaft, die eigene Lebensweise zu überdenken, als einzig wirksamen Weg zu sozialen Reformen. Dementsprechend hatte er nie gewählt, nie an Bürgerversammlungen teilgenommen und sich nie politisch engagiert. Staples, der wohl nur ein Exempel statuieren wollte, steckte Thoreau kurzerhand wegen der nicht beglichenen Steuerschuld ins Gefängnis, ließ ihn jedoch am nächsten Morgen frei, nachdem ein Freund die Steuer bezahlt hatte. Die Nacht im Gefängnis führte zu einem Umdenken Thoreaus, weckte sein Interesse an politischen Fragen und gab auch seiner schriftstellerischen Arbeit eine neue Richtung. Die Rechte und Pflichten des Individuums gegenüber dem Staat waren nun ein Thema, mit dem er sich in vielen Vorträgen und Essays auseinandersetzte. Am berühmtesten wurde der unter verschiedenen Titeln veröffentlichte Text „Civil Disobedience“ (dt. „Über die Pflicht zum Ungehorsam gegen den Staat“), der später Freiheitskämpfer und Aktivisten wie Ghandi und Martin Luther King inspirierte. Thoreau argumentierte in seinem Pamphlet, es sei geradezu Pflicht eines jeden Bürgers, das Zahlen der Steuern zu verweigern, wenn der Staat die Steuergelder nutze, um Kriege zu führen oder ein menschenverachtendes System wie die Sklaverei zu erhalten.

Die Sklavenhaltung in den amerikanischen Südstaaten und die Überzeugung der Abolitionisten, dass diese Form von Knechtschaft und Unterdrückung den Grundsätzen der Verfassung widersprach, inspirierten Thoreau zu weiteren Essays. Entgegen seiner früheren apolitischen Einstellung begann er sich in den Jahren nach Abschluss des Walden-Experiments leidenschaftlich gegen die Sklaverei zu engagieren. Er ging dabei weiter als viele seiner Mitstreiter, indem er einen Fanatiker wie John Brown, der im Namen der Sklavenbefreiung Morde begangen hatte, wortreich verteidigte.

1857, im selben Jahr, als Thoreau seine dritte Reise durch die Wildnis von Maine unternahm, lernte er Brown persönlich kennen und war von dessen charismatischer Ausstrahlung wie geblendet. Die Gewalttaten des militanten Abolitionisten schienen ihm durch dessen hehre Ziele gerechtfertigt: „Derjenige, der nach dem höchsten Gesetz lebt, steht in gewissem Sinne über dem Gesetz." Diese Bemerkung aus Thoreaus Tagebüchern stellt gewissermaßen ein vage definiertes Naturrecht über ein demokratisch vereinbartes Recht und zeigt, dass er die Folgen einer Überzeugung, nach der der Zweck jedes Mittel heiligt, nicht wirklich ermessen konnte oder wollte.

Die Wahl Abraham Lincolns und der Ausbruch des Bürgerkriegs im Jahr 1861 wurden von Thoreau, der inzwischen unheilbar krank war, weitgehend ignoriert. Nach der Verurteilung und Hinrichtung John Browns hatte er sich fast ausschließlich kultur- und naturwissenschaftlichen Interessen zugewandt. „Die Artenfolge der Waldbäume" (1860) wurde seine wichtigste wissenschaftliche Publikation. Eine umfassende Naturgeschichte seiner Heimatstadt Concord konnte er jedoch ebenso wenig vollenden wie ein lang geplantes Werk über die Kultur der Indianer Nordamerikas, zu dem er bereits elf Notizbücher mit Materialien angesammelt hatte.

Doch in den letzten Wochen und Monaten seines Lebens dachte er immer wieder zurück an seine Erlebnisse in der Wildnis von Maine, wo jeder gefällte Baum einer Feder gleicht, „die man aus dem Flügel des Nachtraben pflückt". Einige Literaturwissenschaftler vermissten in Thoreaus Reiseberichten die mystische Tiefe von „Walden" oder die Leidenschaft seiner politisch engagierten Aufsätze, mir scheint jedoch, als sei er in den Wäldern von Maine endlich dort angekommen, wo er immer hinwollte, wo er wirklich so leben konnte, „dass alles die Flucht ergreifen würde, was nicht Leben war". Die philosophische Suche nach dem „eigenen Weg" führte zum erstaunlichen Porträt eines Mannes, der seinen Weg zwischen Wildnis und Zivilisation geradezu instinktiv findet.

„Die Wildnis von Maine" enthält durchaus Passagen, die den Text mit der Philosophie der Transzendentalisten verbindet. Wenn Thoreau beklagt, dass der Angloamerikaner zwar Bäume fällen kann, aber nicht in der Lage ist, ihre Poesie und Mythologie zu verstehen, schreibt er immer noch im Sinne Emersons und seiner Anhänger, für die die Natur die Sprache der Allseele war. Seine nach wie vor aktuelle Kritik an der rücksichtslosen Ausbeutung und Zerstörung der Umwelt hat auch in seinem Spätwerk nicht an Schärfe verloren. Doch bilden Philosophie und Sozialkritik hier nur den Hintergrund einer lebensnahen, oft heiteren Reiseerzählung, die den Leser an einen unbekannten Ort führt. Thoreaus Weg durch die Wildnis verdeutlicht, wie kostbar das Wissen ist, das uns die Sprache der Natur vermitteln könnte, wenn wir nur lernen, ihre Zeichen zu deuten und ihren vielen Stimmen zu lauschen.

Alexander Pechmann

Editorische Notiz

„Die Wildnis von Maine“ von Henry David Thoreau basiert auf der von Clifton Johnson herausgegebenen und unter dem Titel „Canoeing in the Wilderness“ (Cambridge 1906) veröffentlichten Fassung des Essays „The Allegash and East Branch“, dessen Erstausgabe 1864 in dem Sammelband „The Maine Woods“ erschien. Zum Vergleich wurde folgende Edition herangezogen: „The Maine Woods“, herausgegeben von Jeffrey S. Cramer (New Haven 2009). Die Vorbemerkung Nathaniel Hawthornes stammt aus den „American Notebooks“, herausgegeben von Sophia Hawthorne (New York 1868). Zitate aus „Walden“ in den Anmerkungen und im Nachwort folgen der Übersetzung von Erika Ziha (München 1999).

Inhalt

Wenn Ihnen dieses KAMPA POCKET gefallen hat, gefällt Ihnen vielleicht auch der Lesetipp auf der gegenüberliegenden Seite.

Schicken Sie uns bitte Ihren LIEBLINGSSATZ aus einem Kampa Pocket, bei einer Veröffentlichung auf unseren Social-Media-Kanälen bedanken wir uns mit einem Buchgeschenk: lieblingssatz@kampaverlag.ch